JOHANNA LUNDSTRÖM

JEANS nähen

- Stoffe & Werkzeug
- Passformoptimierung
- Nähtechniken

stiebner

INHALT

EINLEITUNG

Sie möchten Ihre erste eigene Jeans nähen, trauen sich aber doch nicht so recht? Vielleicht haben Sie auch schon eine Jeans genäht und möchten Ihre Nähkünste für einen professionelleren Look verbessern?

In diesem Buch will ich Sie durch alle Arbeitsabläufe begleiten. Wir beginnen mit der Auswahl des richtigen Stoffes, verändern das Schnittmuster für eine optimale Passform und arbeiten uns mit vielen Abbildungen durch alle Nähschritte.

Ich nähe schon seit über 20 Jahren Jeans, habe dabei viele Fehler gemacht, aber auch viel dazugelernt. Dieses Buch ist eine Sammlung der besten Tipps und Tricks, die ich im Lauf der Jahre ausprobiert habe. Damit können Sie sich direkt an die Arbeit machen und ein schönes Ergebnis erzielen, auch wenn Sie bisher keine Erfahrung mit Jeansnähen haben. So ein Buch hätte ich bei meinen ersten Gehversuchen gern gehabt.

Sicher wollen Sie auch mehr darüber erfahren, wie Profis eine Jeans herstellen. Bei der Recherche zu diesem Buch habe ich deshalb auch mit Experten gesprochen und viele Tipps erhalten, wie man auch mit einer Haushaltsnähmaschine eine professionell aussehende Jeans nähen kann.

An die Arbeit!

Johanna

KAPITEL 1

STOFFE

FACHBEGRIFFE

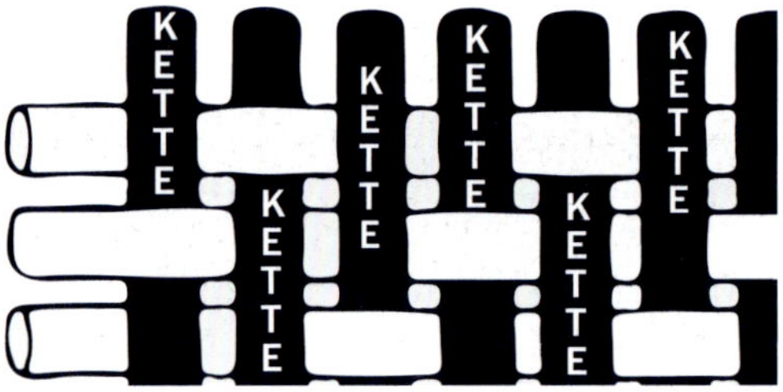

KETTE

Die dunkelblauen Fäden, die senkrecht, also parallel zur Webkante verlaufen. Kettfäden sind überwiegend auf der rechten Stoffseite zu sehen.

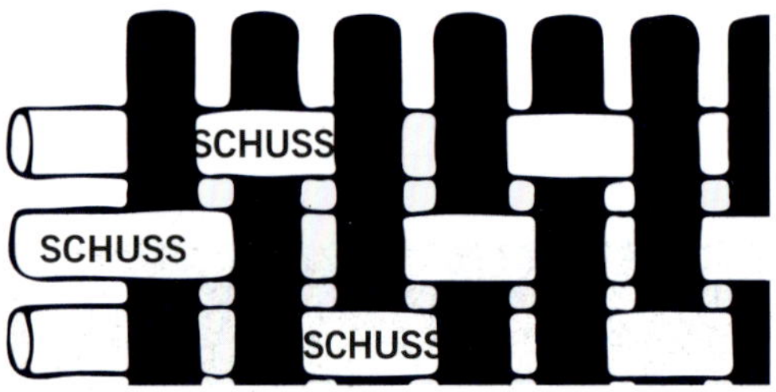

SCHUSS

Die weißen (ungefärbten) Fäden, die quer zu den Kettfäden verlaufen. Die Schussfäden sind überwiegend auf der linken Stoffseite zu sehen.

2x1 UND 3x1 DENIM

Denim ist ein köperbindiges Gewebe, das aus einem Rapport von zwei oder drei blauen Kett- und einem weißen Schussfaden besteht. 2x1 (hier abgebildet) ist relativ leicht, eignet sich aber auch für Jeans. 3x1 ist schwerer und wird zu Selvedge Denim und anderen schwereren Jeansstoffen verarbeitet.

STOFFGEWICHT

Bei Jeansstoffen wird das Stoffgewicht in Unzen (oz) pro Quadrat-Yard berechnet. Bis zu 12 oz gilt ein Jeansstoff als leicht, von 12–16 oz als mittelschwer und über 16 oz als schwer. Eine Jeans aus schwerem Denim ist sehr steif und muss längere Zeit getragen werden, bis der Stoff weicher wird. Heute werden die meisten Jeans aus Denimstoffen mit einem Gewicht von 9–14 oz hergestellt. 12–14 oz gelten als klassisches Stoffgewicht für Denim.

INDIGO

Indigo ist der blaue Farbstoff, der zum Färben der Baumwollfäden verwendet wird. Ursprünglich war Indigo ein natürlicher Farbstoff, der aus der Pflanze *Indigofera tinctoria* gewonnen wurde. Heute wird die pflanzliche Variante meist durch synthetische Indigofarben ersetzt.

STOFFEMPFEHLUNGEN

DENIM

Twillstoff aus indigoblauen Kettfäden und einem weißen Schussfaden. Aufgrund der Webart erscheint der Stoff auf der Oberseite überwiegend blau, auf der Unterseite eher hell.

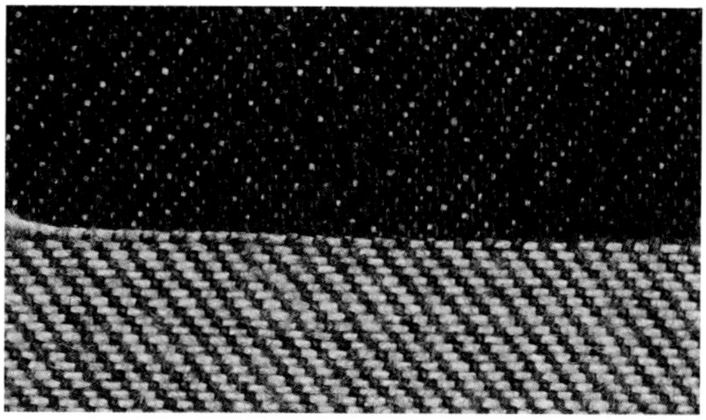

RECHTSGRATKÖPER

Verläuft die Gratlinie auf der rechten Stoffseite von links unten nach rechts oben, wird das Gewebe als Rechtsgratköper oder Z-Köper bezeichnet. Bei der modernen Jeansherstellung ist dies die übliche Variante.

LINKSGRATKÖPER

Verläuft die Gratlinie auf der rechten Stoffseite von rechts unten nach links oben, wird das Gewebe als Linksgratköper oder S-Köper bezeichnet. Dieser Denimstoff ist weicher als ein Rechtsgratköper.

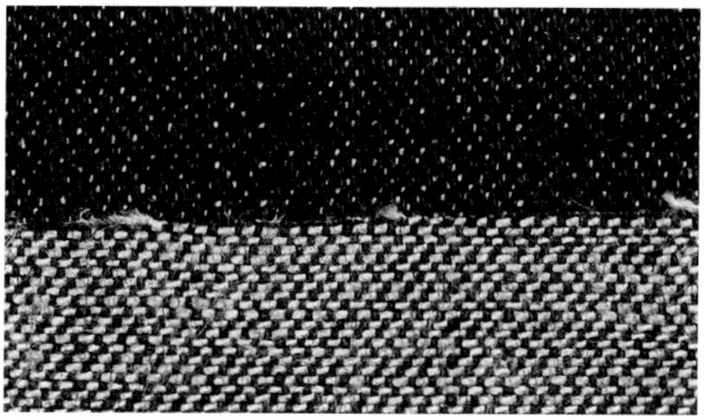

KREUZKÖPER

Beim Kreuzköper wird der Rapport halbiert und die erste Hälfte der Fäden bindet in Z-Richtung, die zweite Hälfte in S-Richtung. Das Gewebe hat keinen Grat und verzieht sich deshalb nicht, was beim Rechtsgratköper oft ein Problem ist.

STRETCHDENIM

Stretchdenim enthält einen kleinen Anteil an Lycra (Spandex), wodurch sich der Tragekomfort erhöht und die Jeans nicht ausleiert. Der Stoff ist eine Baumwoll/Lycra- oder Baumwoll/Polyester/Lycra-Mischung, wobei letztere meist für besonders enge Jeans verwendet wird, weil der Polyesteranteil sowohl Faltenbildung als auch Ausleiern verhindert.

RAW DENIM

Raw Denim wurde weder gewaschen noch anderweitig behandelt, er ist dunkelblau und relativ steif. Eine Jeans aus Raw Denim muss eingetragen werden, damit sie bequem ist, d. h., man muss sie vor dem Waschen längere Zeit tragen, damit sie sich an die Körperform anpasst.

TENCEL-DENIM

Tencel/Lyocell-Denim ist ein ökozertifizierter Stoff aus Zellulosefasern. Bei seiner Herstellung wird weniger Wasser verbraucht und es werden weniger Chemikalien eingesetzt als sonst üblich. Er ist weicher als traditioneller Denim und wird deshalb oft mit Baumwolle gemischt, um die nötige Festigkeit zu erzielen.

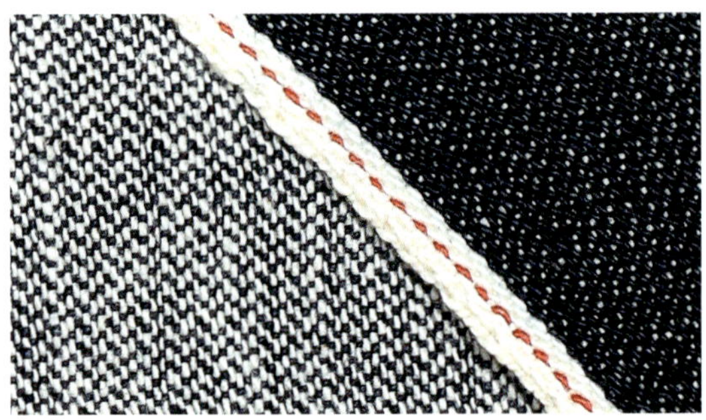

SELVEDGE DENIM

Selvedge Denim hat zwei schöne weiße Webkanten, oft mit einem eingearbeiteten kontrastfarbenen Garn, das parallel zur Kante verläuft. Der Stoff wird auf traditionellen Schmalwebmaschinen hergestellt und hat meist eine Breite von nur 75–85 cm.

STONEWASHED DENIM

Stonewashed Denim wirkt gebraucht, ausgeblichen, schon oft getragen. Früher wurde der Stoff zusammen mit Bimssteinen gewaschen, heute erzielt man einen ähnlichen Effekt mit Enzymen.

ENZYM-DENIM

Denim wird heute mit Enzymen weicher gemacht und künstlich gealtert. Der Vorgang ist umweltschonender als das traditionelle Stonewashing.

ROPING

Als Roping bezeichnet man den welligen, diagonal verlaufenden Abschluss am Saum der Jeans. Der Effekt wird meist künstlich erzeugt und soll eine oft getragene und gewaschene Jeans imitieren.

WHISKERS

Whiskers sind die künstlich erzeugten waagrechten Falten im vorderen Hüftbereich. Um den Look einer natürlich gealterten Jeans zu erreichen, verwendet man unterschiedliche Werkzeuge: von Sandpapier bis hin zu Lasern.

HANFDENIM

Hanf benötigt weniger Wasser und Pestizide als Baumwolle. Für ökologisch unbedenklichere Jeans gibt es deshalb heute Hanf/Baumwoll-Mischungen. Hanf ist steifer als Baumwolle und hat eine rauere Oberfläche, deshalb ist ein Denimstoff aus 100 % Hanf keine ideale Lösung.

BULL DENIM

Schwerer Twill, bei dem Kett- und Schussfäden dieselbe Farbe haben, sodass ein gleichmäßiges Gewebe ohne weiß durchschimmernde Fäden entsteht.

CHAMBRAY

Wie Denim hat auch Chambray farbige Kettfäden und einen weißen Schussfaden. Beim Chambray verläuft die Fadenbindung aber im 1x1-Rapport, wogegen beim Denim der Kettfaden jeweils über zwei oder drei Schussfäden verläuft.

ANDERE DENIMFARBEN

Jeansstoffe können auch andersfarbige Kettfäden haben, z. B. rote, schwarze oder braune. Traditionelle Denimstoffe haben aber immer weiße Schussfäden, unabhängig von der Farbe der Kettfäden.

AUSWAHLHILFE: DER RICHTIGE DENIMSTOFF

JEANS IM VINTAGESTIL

Verwenden Sie ungewaschenen, dunkelblauen Denim, vorzugsweise Selvedge Denim. Gewicht: 12–16 oz. Ganz schwerer Denim ist zu steif und lässt sich oft nicht gut verarbeiten.

SKINNY JEANS

Ideal ist Denim mit Lycra-Beimischung und einer Querdehnung von mindestens 20 %, noch mehr für Superskinny Jeans. Beachten Sie die Stoffempfehlung beim Schnittmuster. Gewicht: 9–12 oz, je nach Stil. Aber Vorsicht: Leichte Stoffe beulen eher aus.

JEANS MIT WEITEM BEIN

Verwenden Sie einen weichen Stoff, der gut fällt. Gewicht: 9–13 oz.

JEANS MIT GERADEM BEIN, BOYFRIEND UND BOOTCUT JEANS

Ich empfehle Baumwolle, Hanf/Baumwolle oder Tencel/Baumwolle. Für gute Bewegungsfreiheit sollte der Stoff einen Anteil von 1–2 % Lycra (Elastan) haben. Gewicht: 12–14 oz.

JEANS MIT AUSGESTELLTEM BEIN

Nehmen Sie einen nicht zu steifen Stoff. Wenn der Hüftbereich eng sitzt, ist ein Lycra-Anteil von 1–2 % nötig, damit die Jeans bequem ist und in Form bleibt. Gewicht: 10–13 oz.

JEGGINGS

Als Jeggings bezeichnet man Leggings, die wie Jeans aussehen, aber aus einem dehnbaren Stoff gemacht sind. Verwenden Sie eine Baumwoll/Polyester/Lycra-Mischung mittlerer Dicke.

PFLEGE VON JEANSSTOFFEN

SOLLTE MAN DEN STOFF VOR DEM ZUSCHNITT WASCHEN?

Es kommt darauf an, was Sie erreichen wollen. Ungewaschener Denim läuft ein und die Farbe blutet aus, was zu Flecken führen kann. Deshalb wäre es sinnvoll, den Stoff mindestens einmal vorzuwaschen. Allerdings läuft der Stoff während der nächsten Wäschen weiterhin leicht ein und verliert Farbe.

Andererseits sollten Sie, wenn Sie einen natürlich gealterten und verwaschenen Look möchten, die Jeans längere Zeit tragen, bevor Sie sie das erste Mal waschen. Manche Jeansfans warten monatelang, ehe sie auch nur daran denken, Wasser an ihre Jeans zu lassen.

DENKEN SIE ANS EINLAUFEN

Denimstoff läuft ein, es sei denn, er wurde in der Fabrik unter Verwendung von Enzymen oder Waschsteinen vorbehandelt. Ungewaschener Denim kann längs bis zu 10 % einlaufen (quer ist es deutlich weniger). Faustregel: Je nach Webart und Vorbehandlung laufen die meisten Jeansstoffe mindestens 2 bis 5 % ein.

Prüfen Sie, um wie viel ein Stoff einläuft, indem Sie ein mindestens 10 x 10 cm großes Quadrat ausschneiden und wie üblich waschen. Vergleichen Sie die Größe des Quadrats vor und nach der Wäsche und achten Sie darauf, dass Sie die Längs- und Querrichtung des Stoffes unterscheiden können. Auf Seite 10 ist beschrieben, in welcher Richtung die Kett- und Schussfäden verlaufen.

Schneiden Sie das Quadrat nicht direkt an der Stoffkante aus, denn dann franst es beim Waschen stark aus und wird noch kleiner. Denimstoff läuft hauptsächlich längs ein, quer dehnt er sich beim Tragen wieder aus. Wenn Sie ungewaschenen Stoff verwenden, müssen Sie also vor dem Zuschnitt nur in Längsrichtung etwas zugeben.

WIE MAN JEANS WÄSCHT

Mit der Hand

Mit warmem Wasser läuft mehr Farbe aus und der Stoff schrumpft stärker als mit kaltem Wasser. Handwäsche ist sanfter als Maschinenwäsche, also waschen Sie Ihre geliebte Jeans am besten mit etwas Seife und lauwarmem Wasser in der Badewanne oder im Waschbecken. Testen Sie aber zuerst, ob sich der Farbstoff an der Emailbeschichtung festsetzt. Alternativ können Sie die Jeans in der Küchenspüle waschen, wenn sie aus Metall ist.

Mit der Maschine

Wenden Sie die Jeans auf links, schließen Sie den Reißverschluss und alle Knöpfe. Dadurch bleibt die Farbe besser erhalten und eine zusätzliche Beanspruchung des Stoffes durch scheuernde Metallteile wird vermieden. Dunkle Jeans sollten Sie nie mit anderen Kleidungsstücken waschen, weil der Indigo-Farbstoff oft Flecken hinterlässt.

Waschen Sie Jeans bei 35–40 °C im Kurzwaschgang. Verwenden Sie bei dunklen Jeans ein Color-Waschmittel.

TROCKNEN

Im Trockner wird der Stoff besonders stark beansprucht. Um das zumindest teilweise zu verhindern, trocknen Sie bei niedriger Hitze im Schonprogramm und nehmen Sie die Jeans noch feucht aus dem Trockner. Hängen Sie sie dann auf und lassen Sie sie an der Luft fertig trocknen.

Auch bei Stretchdenim sollten Sie mit dem Trockner vorsichtig sein, weil Hitze und Bewegung das Lycra (Elastan) beschädigen können, dann reißen die Fäden und der Stoff verliert schneller an Elastizität.

Am besten schützen Sie den Stoff, wenn Sie die Jeans nicht in den Trockner geben, sondern einfach an der Luft trocknen lassen.

AUSGEBLICHENEN DENIM AUFFRISCHEN

Es gibt spezielle Jeans-Färbemittel, die ausgeblichenen Denimstoff wieder auffrischen können, doch Vorsicht: Auch die weißen Kettfäden nehmen die Farbe an und der typische Jeanslook kann verloren gehen.

5 GRÜNDE, WARUM JEANS PROBLEMATISCH SIND

1. Zur Herstellung von Denim braucht man viel Wasser. Angaben des WWF zufolge benötigt man ca. 10.000 Liter Wasser, um die 700 Gramm Baumwolle herzustellen, die man für eine Jeans braucht. Das wirkt sich negativ auf unsere Trinkwasservorräte aus.

2. Färbe- und Waschmittel verschmutzen das Wasser. Direkt in Flüsse und Bäche geleitetes Abwasser schädigt Mensch und Tier. Das verschmutzte Wasser enthält oft gefährliche Chemikalien, Metalle und Farbstoffpartikel und kann weder zum Putzen noch zum Trinken verwendet werden. Die Chemikalien können zu Blasenbildung auf der Haut führen, und eine Studie bringt Denim-Farbstoffe sogar mit einem erhöhten Krebsrisiko in Verbindung (Singh & Chadha, „Textile Industry and Occupational Cancer", 2016).

3. Künstliche Alterungsmethoden können eine Gefahr für Fabrikarbeiter sein. Dazu zählen Sandstrahlen, Abschleifen, Besprühen mit Chemikalien und Färben. All das kann zu verschiedensten gesundheitlichen Problemen führen.

4. Schlechte Arbeitsbedingungen. Die meisten Denimstoffe und Jeans werden in Niedriglohnländern produziert. Dort sind die Arbeitszeiten lang, es wird kaum auf Arbeitssicherheit geachtet und die Arbeiter sind gefährlichen Chemikalien und Staub ausgesetzt. Eigene Rechte werden ihnen kaum zugestanden.

5. Jeans sind nur schwer zu recyceln. Nieten, Reißverschlüsse, Knöpfe, Aufnäher und Labels müssen aufwändig entfernt werden, ehe man eine Jeans zum Recyceln in den Shredder geben kann.

5 WEGE ZU NACHHALTIGEREN JEANS

1. Jeans herstellen, die lange halten. Verwenden Sie Stoffe und Zubehör nur in guter Qualität, stellen Sie vor dem Zuschneiden sicher, dass die Passform stimmt, arbeiten Sie sorgfältig, pflegen Sie Ihre selbstgenähte Jeans gut und reparieren Sie sie, wenn nötig.

2. Verwenden Sie Stoff mit einem Hanf- oder Tencelanteil. Bevorzugen Sie eine Mischung mit Bio- oder Recyclingbaumwolle. Hanf und Tencel benötigen in der Herstellung weniger Energie, Wasser und gefährliche Chemikalien als konventionell angebaute Baumwolle.

3. Keine schädlichen Chemikalien. Vermeiden Sie Stoffe, die mit gefährlichen Bleichen behandelt wurden, um einen gealterten und verwaschenen Look zu erzielen.

4. Möglichst wenige Zusatzteile. Keine Nieten, sondern genähte Riegel, keine nähfreien Knöpfe, sondern Aufnähknöpfe, die sich leicht entfernen lassen, bevor eine Jeans im Altkleidercontainer landet.

5. Kaufen Sie Denimstoff mit Ökolabel. Achten Sie auf das Fair-Trade-Siegel der WFTO, das faire Arbeitsbedingungen garantiert. Legen Sie Wert auf offizielle Ökolabel, um umweltfreundlichere Herstellungsmethoden zu unterstützen.

DENIM ZUSCHNEIDEN

VORWASCHEN

Ungewaschener Denim läuft längs ein und kann auch nach der ersten Wäsche weiter einlaufen. Waschen Sie den Stoff entweder vor oder passen Sie das Schnittmuster so an, dass das Einlaufen berücksichtigt wird. Weitere Details unter *Pflege von Jeansstoffen* auf Seite 14.

VORBÜGELN

Bügeln Sie gewaschenen, faltigen Stoff unbedingt, bevor Sie mit dem Zuschnitt beginnen.

SCHNITTRICHTUNG

Bei Standarddenim kann in beide Richtungen zugeschnitten werden, d. h., Sie können die einzelnen Schnittteile um 180° drehen, um Stoff zu sparen. Bei Jeans aus Cord- oder Samtstoffen müssen Sie darauf achten, dass alle Teile richtungsgleich aufgelegt werden, denn Farbe und Glanz solcher Stoffe wirken je nach Blickrichtung anders. Dasselbe gilt für gemusterte Jeansstoffe und Denim mit Stickereien.

ZUSCHNITT BEI DOPPELTER ODER EINFACHER STOFFLAGE

Bei breiten Denimstoffen können Sie Zeit sparen, wenn Sie bei doppelter Stofflage zuschneiden. Schmale Stoffe werden bei einfacher Stofflage zugeschnitten, besonders solche, bei denen die Webkante als Abschlusskante verwendet wird (Zuschneideplan **B**). Auch bei schweren Denimstoffen empfiehlt es sich, alle Teile bei einfacher Stofflage auszuschneiden.

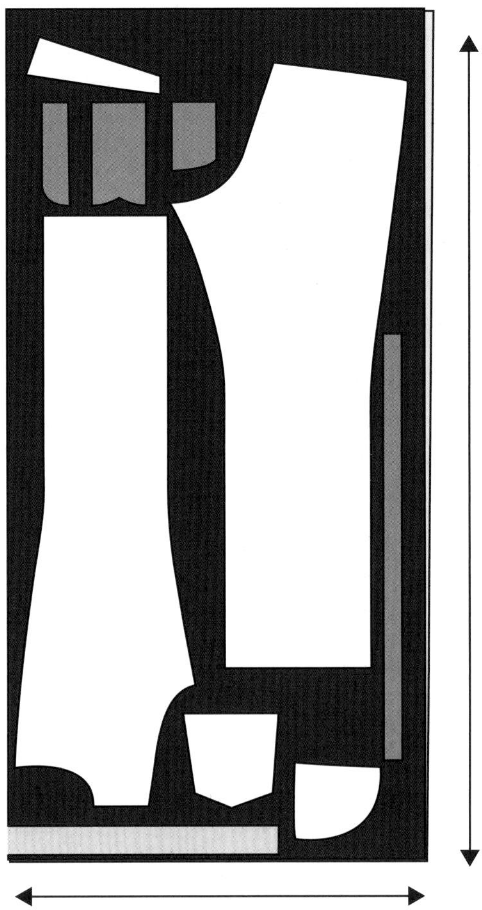

A. Zuschneideplan bei doppelter Stofflage

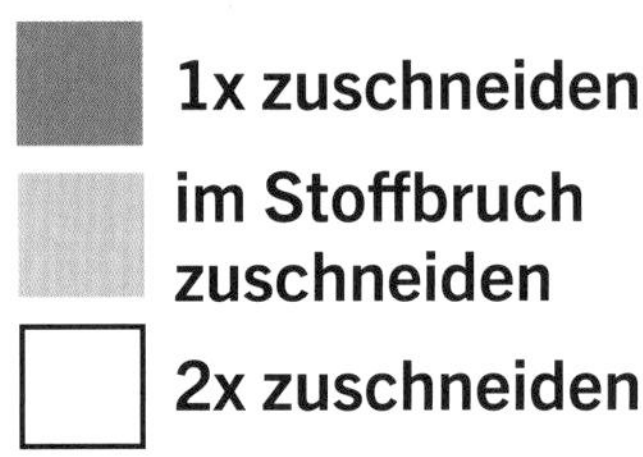

SCHNITTKANTEN BEGRADIGEN

Um sicherzustellen, dass der Fadenlauf bei doppelter Stofflage stimmt, müssen Sie die gegenüber liegenden Schnittkanten begradigen. Schneiden Sie dazu den Stoff an einer Seite leicht ein und reißen Sie ihn dann in Querrichtung durch.

STOFF ZUM ZUSCHNITT FALTEN

Falten Sie den Stoff und legen Sie die beiden Webkanten aufeinander. Glätten Sie die Fläche mit der Hand, damit es keine Falten gibt.

MARKIERUNGEN

Bringen Sie die üblichen Markierungen an (Einschnitte, Kreidelinien, Fäden). Am schnellsten geht es, wenn Sie mit einer besonders scharfen Schere kleine Schnitte am Rand machen. Manchmal sind diese Schnitte aber nur schwer zu sehen, sobald die Stoffkanten versäubert sind. In solchen Fällen sind Kreidemarkierungen hilfreich.

RECHTE ODER LINKE STOFFSEITE

Sie können von der rechten oder linken Stoffseite aus zuschneiden. Ein Zuschnitt von rechts erleichtert das Markieren, weil Kreidestriche auf der dunklen Seite besser zu sehen sind.

AUFLEGEN DER SCHNITTTEILE

Messen Sie bei allen Schnittteilen den Abstand vom Fadenlaufpfeil bis zur Webkante, und zwar an beiden Enden des Pfeiles. Zum Fixieren des Stoffes eignen sich Stoffgewichte besser als Stecknadeln, weil der Stoff nicht verzogen wird. Besonders bei schweren Denimstoffen lassen sich Nadeln oft schwer einstechen.

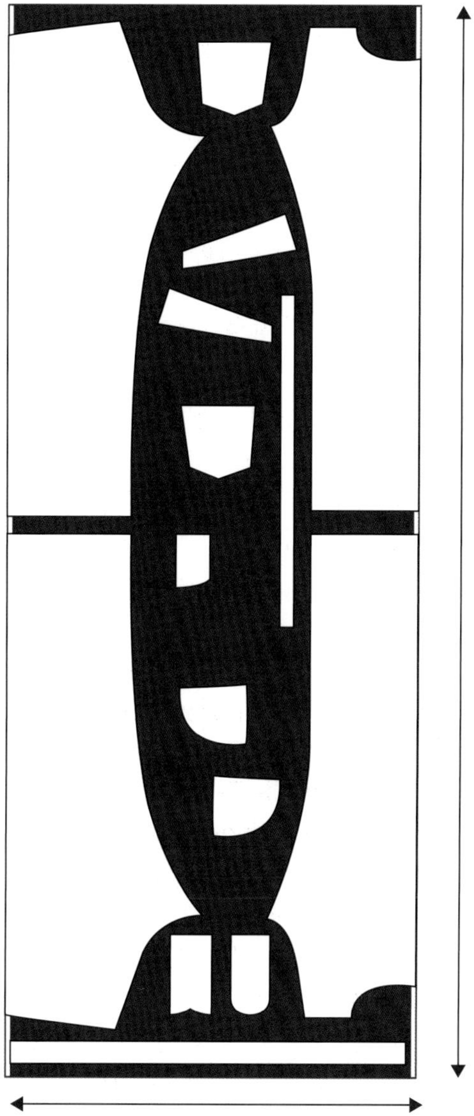

B. Zuschneideplan bei einfacher Stofflage

SCHNEIDWERKZEUG

Verwenden Sie zum Zuschneiden des Stoffes einen Rollschneider mit Matte oder eine sehr scharfe Schneiderschere.

KAPITEL 2

SCHNITT-MUSTER

SCHNITTTEILE FÜR JEANS

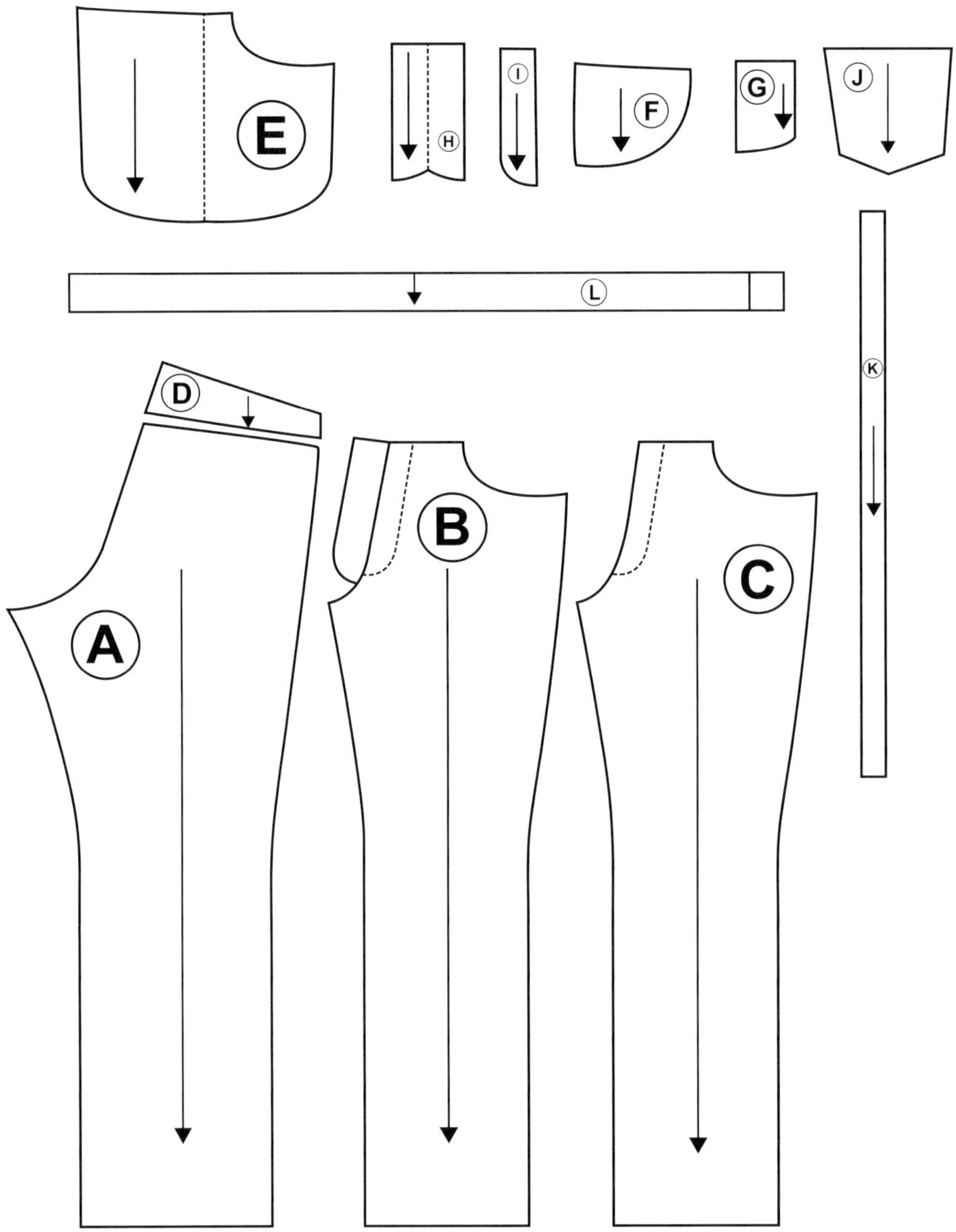

A. Hinterhose
B. Vorderhose mit Schlitzbesatz
C. Vorderhose ohne Schlitzbesatz
D. Passe

E. Taschenbeutel
F. Taschenbesatz
G. Münztasche
H. Schlitzuntertritt

I. Schlitzbesatz
J. Gesäßtasche
K. Gürtelschlaufe
L. Bund

ÜBERBLICK ÜBER NAHTZUGABEN

Wenn Sie mit passenden Nahtzugaben arbeiten, wird das Nähen leichter und genauer. Unsere Nahtzugaben basieren auf den Angaben der Bekleidungsindustrie. Sie können natürlich je nach Projekt und Nähmethode angepasst werden.

Seitennähte, Passe und Schritt (Overlocknaht)
12 mm

Kappnähte
12–25 mm, je nach Methode

Saumzugabe (doppelt umgeschlagen)
30 mm

Bund (L)
10–12 mm an allen Seiten

Gesäßtasche (J)
Oberkante (doppelt gefaltet)
25 mm
Seiten und Unterkante (einfach gefaltet)
12 mm

Tascheneingriff vorn (B & C)
8 mm

Taschenbeutel (E)
Oberkante
8 mm
Seitennaht
12 mm
Unterkante
20 mm bei französischer Naht
12 mm bei Overlocknaht

Taschenbesatz (F)
Oberkante (verschwindet im Bund)
10–12 mm
Seitennaht
12 mm
Unterkante
keine Nahtzugabe bei Overlocknaht
8 mm, wenn gefaltet

Vordere Mitte (Reißverschluss und Knopfleiste)
Vordere Mitte links (C)
12 mm
Vordere Mitte rechts (B)
12 mm, zusätzlich 6 mm entlang der Schlitzkante für den Untertritt, wenn der Besatz nicht angeschnitten ist

Münztasche (G)
Oberkante (doppelt gefaltet)
25 mm (1")
Seitennähte (einfach gefaltet)
12 mm
Unterkante
keine Nahtzugabe bei Overlocknaht
12 mm, wenn gefaltet

Schlitzuntertritt (H)
Seitennaht
12 mm
Oberkante (verschwindet im Bund)
10–12 mm
Unterkante
12 mm, wenn gefaltet
keine Nahtzugabe bei Overlocknaht

Schlitzbesatz (I)
Naht an der vorderen Mitte
12 mm
Oberkante (verschwindet im Bund)
10–12 mm
Unterkante
keine Nahtzugabe, wenn Kante nicht gefaltet und mit Oberlocknaht versäubert wird

STILANPASSUNG BEIM SCHNITTMUSTER

SELVEDGE JEANS

Bei diesen Jeans liegt die Seitennaht an der dekorativen Webkante des Stoffes. Die Seitennaht verläuft also gerade, was Änderungen im Schnittmuster erfordert.

Selvedge Jeans werden oft mit einfachem oder doppeltem Aufschlag getragen, also muss die Schnittvorlage verlängert werden. Ein einfacher Aufschlag ist ca. 5 cm breit.

1. Seitennähte begradigen. Ziehen Sie bei beiden Hosenteilen eine gerade Seitenlinie von oben bis unten.

2. Vordere Innennaht anpassen. Beginnen Sie im Schritt oder knapp darunter und lassen Sie die Naht schräg nach innen verlaufen, bis etwa in Kniehöhe die ursprüngliche Weite erreicht ist.

3. Mittelnaht hinten anpassen. Nehmen Sie an der Spitze im Schritt ca. 20 mm weg und lassen Sie die Rundung etwas tiefer verlaufen, sodass die hintere Mittelnaht in etwa die ursprüngliche Länge hat.

4. Hintere Innennaht anpassen. Beginnen Sie an der neuen Schrittspitze und lassen Sie die Naht schräg nach innen verlaufen, bis etwa in Kniehöhe die ursprüngliche Weite erreicht ist.

5. Bein verlängern. Verlängern Sie beide Teile um etwa 5 cm für einen einfachen Aufschlag und entsprechend mehr für einen doppelten Aufschlag.

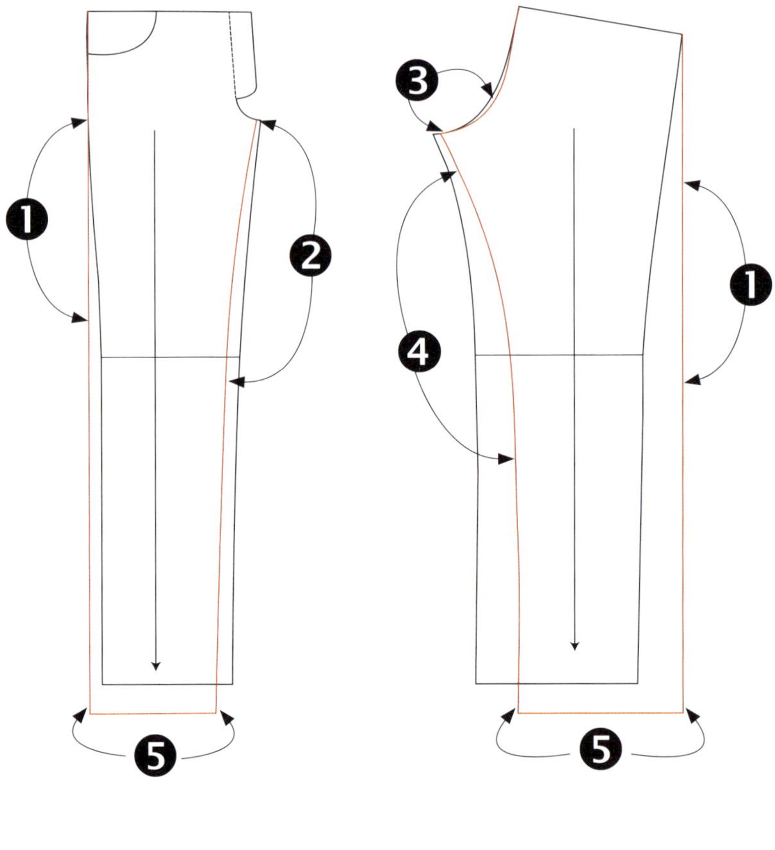

SKINNY JEANS

Mit diesen Veränderungen wird aus einer Jeans mit geradem Bein eine Skinny Jeans aus Stretchdenim.

Die angegebenen Maße sind nur Vorschläge; sie hängen von verschiedenen Faktoren ab, z. B. dem ursprünglichen Schnittmuster, der Stoffwahl und den persönlichen Vorlieben.

1. Vorn etwa 5 mm Hüftweite reduzieren. Die Seitennaht läuft oben rund aus.

2. Hinten etwa 5 mm oben an der Mittelnaht wegnehmen.

3. Rundung der hinteren Mittelnaht um 15–20 mm vertiefen.

4. Passe an der hinteren Mitte verkürzen. Entfernen Sie genauso viel Weite wie an der hinteren Mittelnaht (2).

5. Bund an der hinteren Mitte um die Summe aus Schritt 1 und 2 verkürzen, hier 10 mm.

6. Innennaht hinten anpassen. Nehmen Sie im Schritt ca. 15 mm weg, in Kniehöhe ca. 20 mm.

7. Innennaht vorn anpassen. Nehmen Sie im Schritt ca. 10 mm weg, in Kniehöhe ca. 20 mm.

8. Seitennaht vorn anpassen. Beginnen Sie am Oberschenkel und nehmen Sie bis in Kniehöhe ca. 20 mm weg.

9. Seitennaht hinten anpassen. Beginnen Sie am Oberschenkel und nehmen Sie bis in Kniehöhe ca. 20 mm weg.

10. Beine am Saum kürzen und verengen. Beide Teile um je 5 cm kürzen, Weite an allen Seiten um 20–25 mm reduzieren.

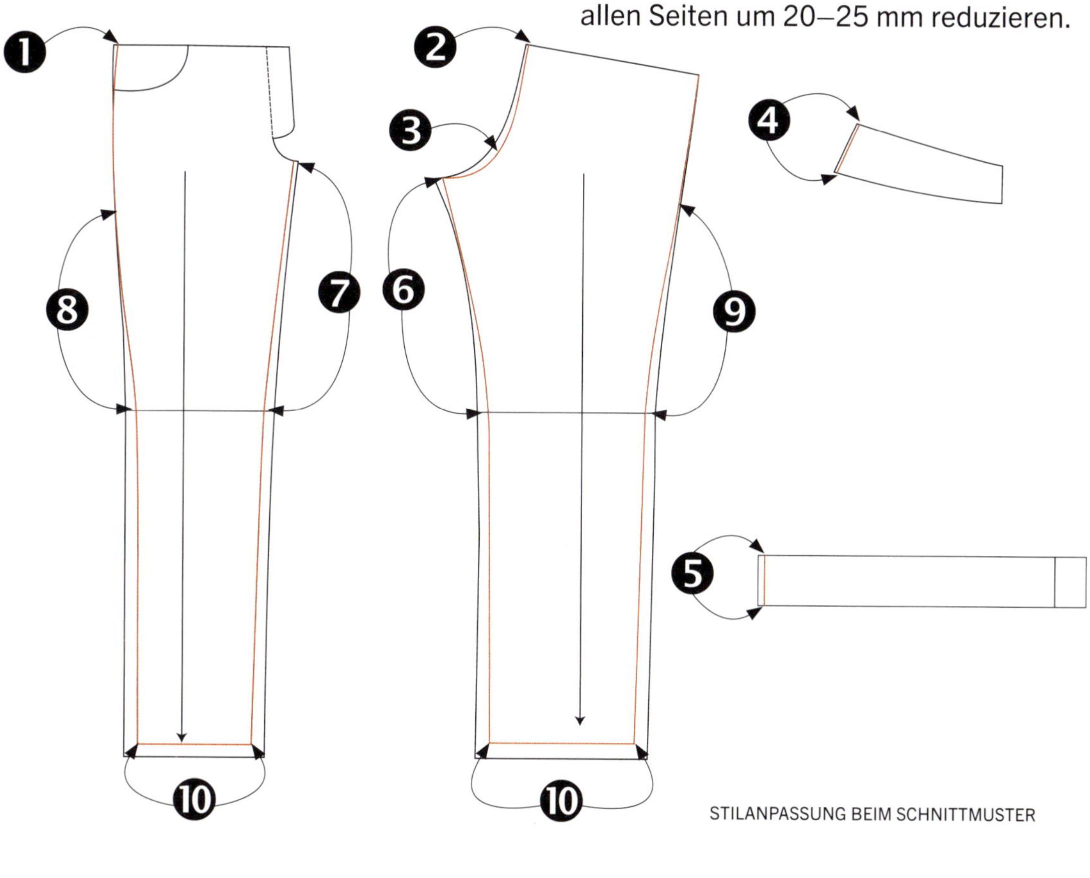

JEANS MIT AUSGESTELLTEM BEIN

Die Jeansbeine sind an den Saumkanten besonders weit. Dazu muss sowohl an der Innennaht als auch an der Seitennaht Weite zugegeben werden. An der Hüfte und an den Oberschenkeln sitzt die Jeans sehr bequem, im Gegensatz zur figurbetonteren Bootcut Jeans.

1. An der Seitennaht beider Teile Weite zugeben. Beginnen Sie im oberen Bereich der Hüfte und geben Sie gleichmäßig mehr Weite zu. Für den besonderen Look wird der Ausstellwinkel ab dem Knie vergrößert. Je nach ursprünglicher Beinweite beträgt die seitliche Zugabe an der unteren Saumkante mindestens 5 cm.

2. Innennaht hinten anpassen. Im Schritt beginnen und mit einer weich verlaufenden Linie allmählich Weite zugeben.

3. Ab Kniehöhe mehr Weite zugeben. Wie bei den Seitennähten vergrößern Sie den Ausstellwinkel ab dem Knie (Zugabe bis zum Saum 5 cm).

4. Innennaht vorn anpassen. Beginnen Sie im Schritt und geben Sie gleichmäßig mehr Weite zu. Vergrößern Sie den Ausstellwinkel ab dem Knie (Zugabe bis zum Saum 5 cm).

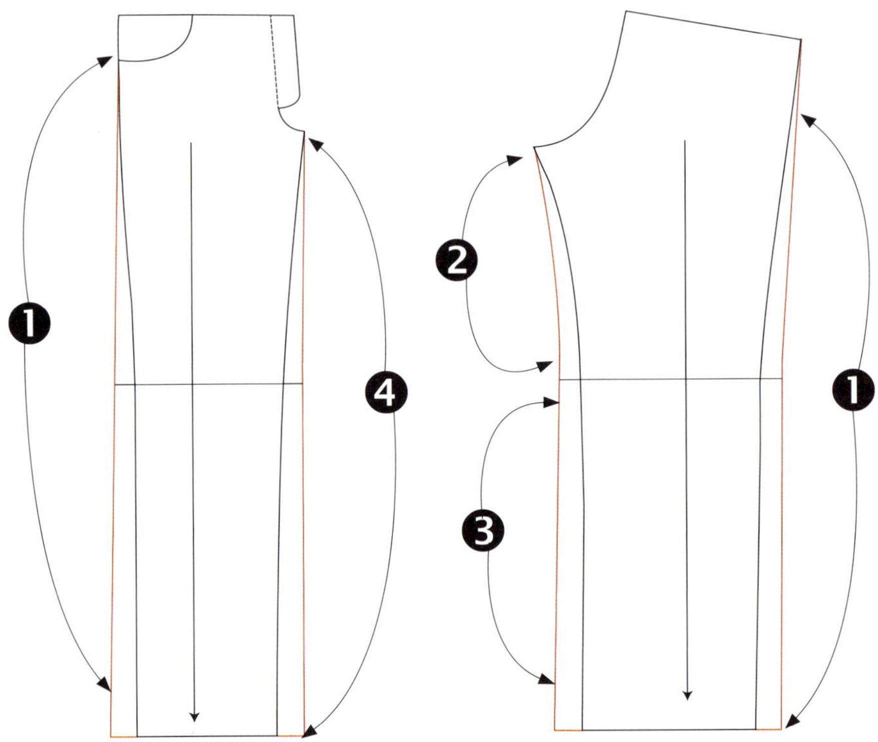

BOOTCUT JEANS

Bootcut Jeans sitzen am Knie etwas enger und haben zum Saum hin ein leicht ausgestelltes Bein.

1. Seitennaht vorn anpassen. Beginnen Sie in Schritthöhe und nehmen Sie bis auf Kniehöhe ca. 12–20 mm Weite weg.

2. Seitennaht hinten anpassen. Beginnen Sie in Schritthöhe und nehmen Sie bis auf Kniehöhe ca. 12–20 mm Weite weg.

3. Innennaht vorn anpassen. Beginnen Sie in Schritthöhe und nehmen Sie bis auf Kniehöhe ca. 12–20 mm Weite weg.

4. Innennaht hinten anpassen. Beginnen Sie in Schritthöhe und nehmen Sie bis auf Kniehöhe ca. 12–20 mm Weite weg.

5. Saumkante allseits um ca. 20 mm erweitern. Beginnen Sie in Kniehöhe und geben Sie gleichmäßig Weite zu.

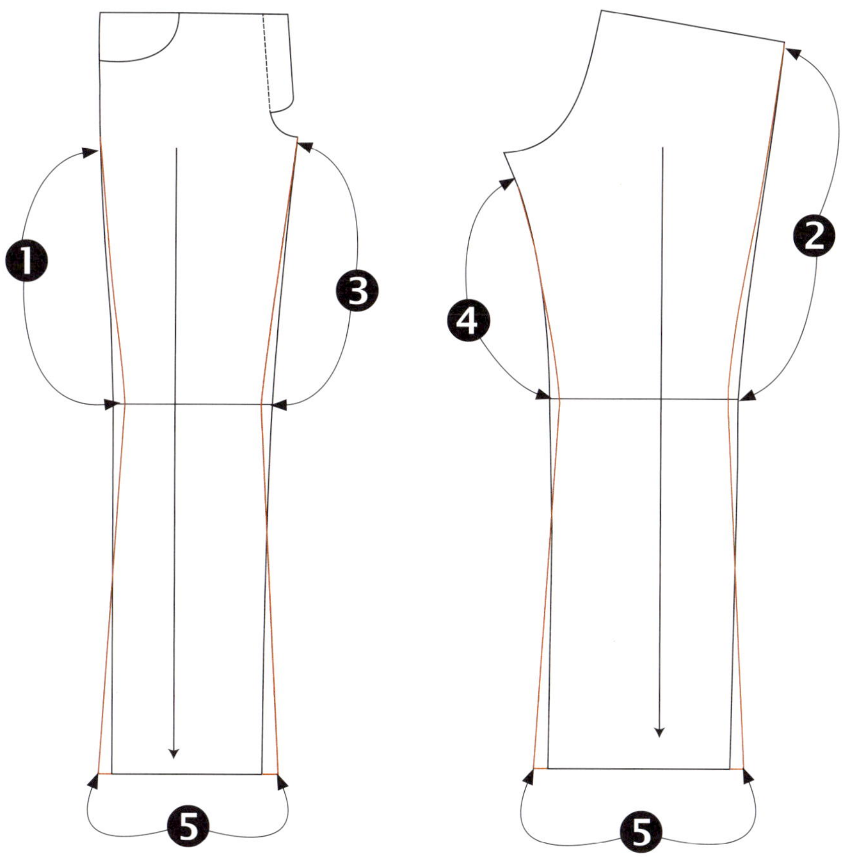

FORMBUND

Ein Formbund wird im leicht schrägen Fadenlauf zugeschnitten und verläuft an der hinteren Mitte etwas nach oben. Er steht im Rücken nicht ab, dehnt sich leicht und passt sich der Körperform gut an; das gilt auch bei reinem Baumwolldenim. Die hier gezeigte Methode ist ideal, wenn Sie einen geraden Bund in einen Formbund verwandeln möchten. Soll der Bund noch figurbetonter sein, schneiden Sie ihn an mehreren Stellen von oben her ein und lassen die Teile dann leicht überlappen.

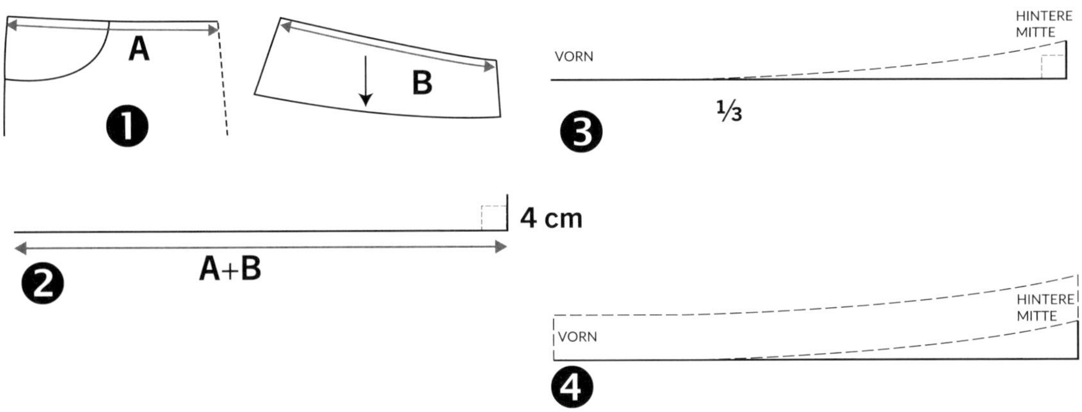

1. Hüftmaß bestimmen. Messen Sie die Länge der Oberkante am Vorderteil und an der Passe aus (ohne Nahtzugaben). Dieses Maß entspricht der Hälfte des Hüftumfangs. Dasselbe Maß erhalten Sie, wenn Sie beim geraden Bund die Länge der Oberkante ohne Nahtzugaben und Schlitzbesatz ausmessen.

2. Rechtwinklige Linien auf Seidenpapier zeichnen. Die waagrechte Linie entspricht dem in Schritt 1 bestimmten Maß (halber Hüftumfang). Die senkrechte Linie ist ca. 4 cm lang.

3. Formgebung. Auf etwa $1/3$ der Strecke, von vorn gesehen, lassen Sie eine gestrichelte Linie leicht schräg nach oben bis zur Spitze der kurzen Linie verlaufen. Die Länge der Rundung muss dem halben Hüftmaß entsprechen. Wenn nötig, geben Sie im geraden Bereich Weite zu bzw. nehmen Weite weg.

4. Parallele Linie zeichnen. Der Abstand zwischen den Linien entspricht der fertigen Bundbreite (ohne Nahtzugaben). Mit dieser Methode lässt sich schnell ein 3,5–5 cm breiter Formbund für eine Jeans entwickeln. Schneiden Sie das neue Schnittteil aus Seidenpapier aus.

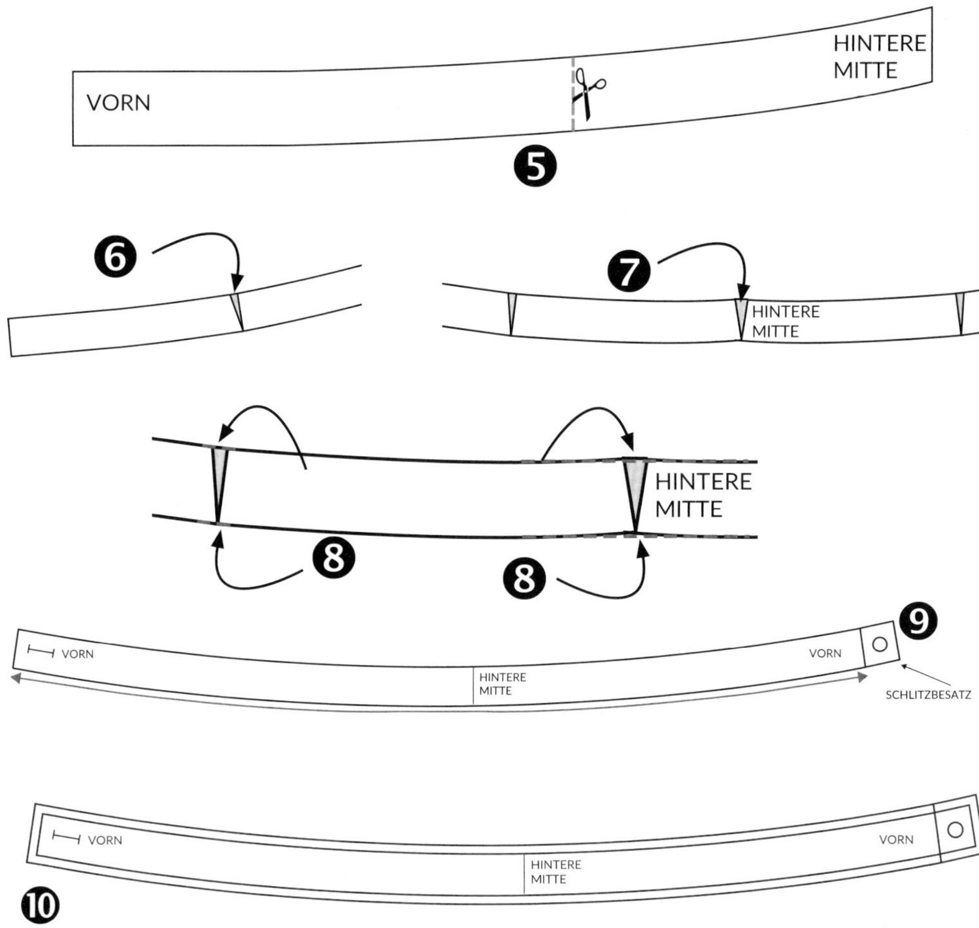

5. Bund von oben senkrecht einschneiden. Der Schnitt liegt etwa in der Mitte des Teiles.

6. Weite reduzieren. Lassen Sie die beiden Schnittkanten überlappen, um Weite wegzunehmen. Mit Klebeband fixieren.

7. Weite an der hinteren Mitte reduzieren und Bundteile überlappen. Hüftmaß prüfen, damit die Passform stimmt. Mit Klebeband fixieren.

8. Alle Linien begradigen. Dann an der hinteren Mitte den senkrechten Fadenlauf einzeichnen. Das gesamte Teil neu abpausen.

9. An der linken Bundseite den Schlitzbesatz hinzufügen. Wenn Sie von einem geraden Bund ausgegangen sind, fügen Sie hier genauso viel Weite ein, wie im Original vorhanden war. Ansonsten geben Sie ca. 4 cm Weite zu. Position von Knopf und Knopfloch markieren.

10. Nahtzugaben einzeichnen. An allen Seiten ca. 10 mm Nahtzugabe zugeben.

JEANSTYPISCHE PASSFORM-PROBLEME LÖSEN

Hier erfahren Sie, wie Sie ein Schnittmuster verändern müssen, um verschiedene Passformprobleme zu lösen. Die Passform von Hosen ist ein komplexes Thema, zu dem es eigene Bücher gibt. Mehr dazu auf Seite 189.

SMILE LINES

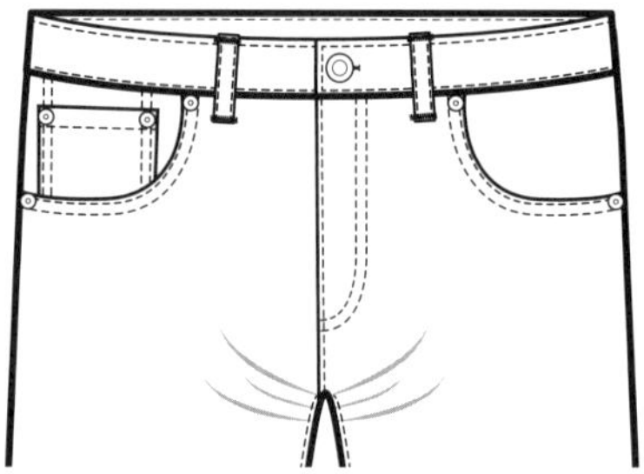

PROBLEM: Der Stoff spannt an den Oberschenkeln, was zu Fältchen im Schritt führt. Die Bewegungszugabe ist im Schritt und an den Oberschenkeln zu gering.

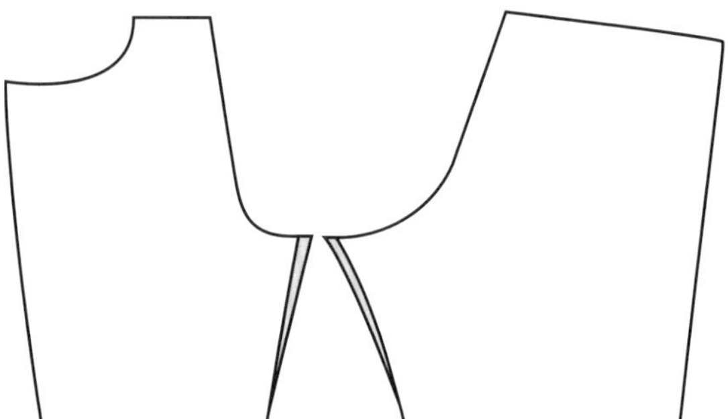

LÖSUNG: Geben Sie vorn bzw. hinten im oberen Bereich der Innennaht etwas Weite zu. Dadurch wird die Mittelnaht länger und der Oberschenkelbereich weiter.

SPANNUNGSFALTEN VORN

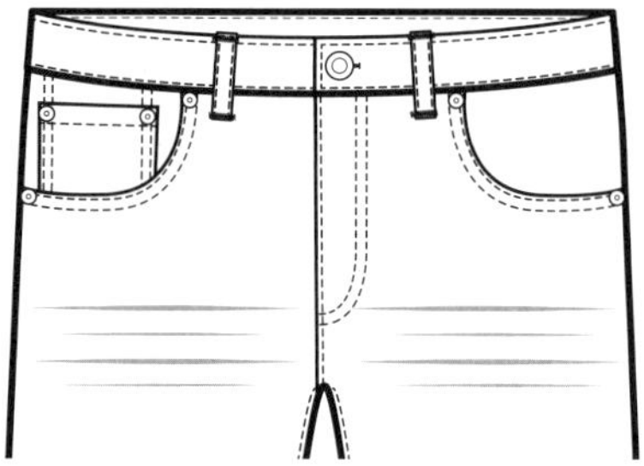

PROBLEM: Die Hose ist zu eng. Die Falten treten vorn im unteren Bereich der Hüfte und direkt oberhalb der Oberschenkel auf.

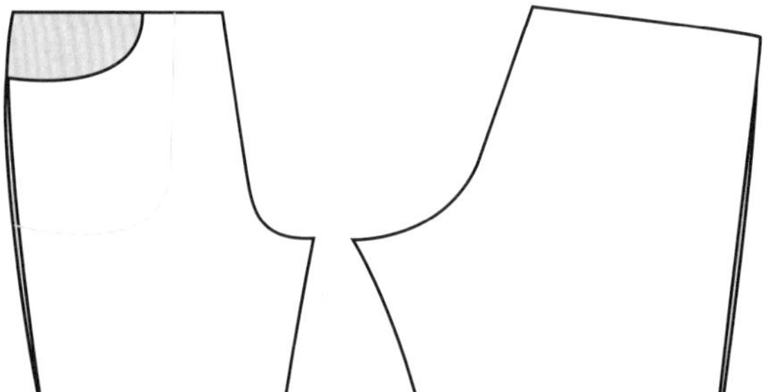

LÖSUNG: Geben Sie an den Seitennähten an beiden Hosenteilen etwas Weite zu. Bei einer Superskinny-Stretchjeans ist dieses Problem kaum zu lösen, weil die Jeans ja überall sehr eng sitzen soll.

SPANNUNGSFALTEN HINTEN

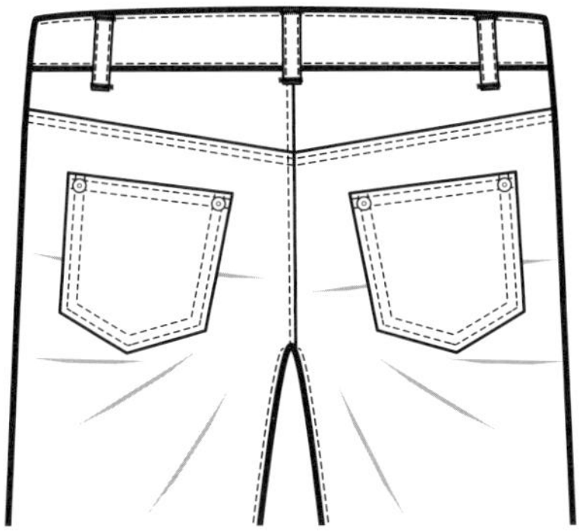

PROBLEM: Falten hinten im Hüftbereich. Die Jeans fühlt sich im Sitzen unbequem an und rutscht nach unten. Die Mittelnaht ist hinten zu kurz und es fehlt Weite an der Hüfte. Dieses Problem kennen alle, die einen etwas ausgeprägteren Po haben.

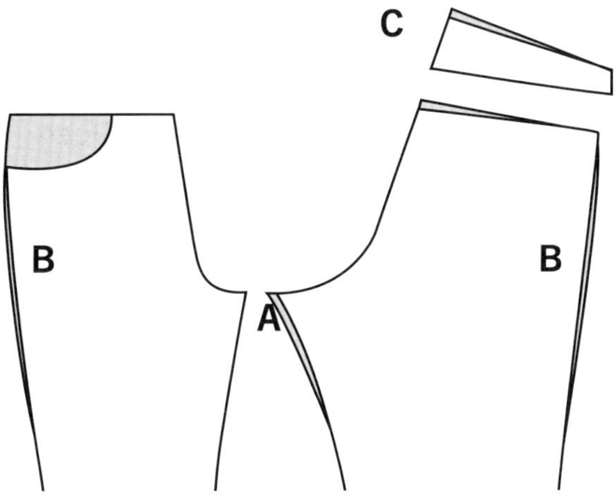

LÖSUNG: Das Problem lässt sich in mehreren kleinen Schritten lösen:

A. Geben Sie hinten an der Innennaht etwas Weite zu. Das verlängert die Mittelnaht und bringt an Hüfte und Oberschenkeln mehr Bewegungsfreiheit.

B. Geben Sie an den Seitennähten im Hüftbereich etwas Weite zu.

C. Verlängern Sie nötigenfalls die hintere Mittelnaht etwas nach oben, entweder am Beinteil oder an der Passe, idealerweise an beiden Teilen.

FALTEN UNTERHALB DER HÜFTE

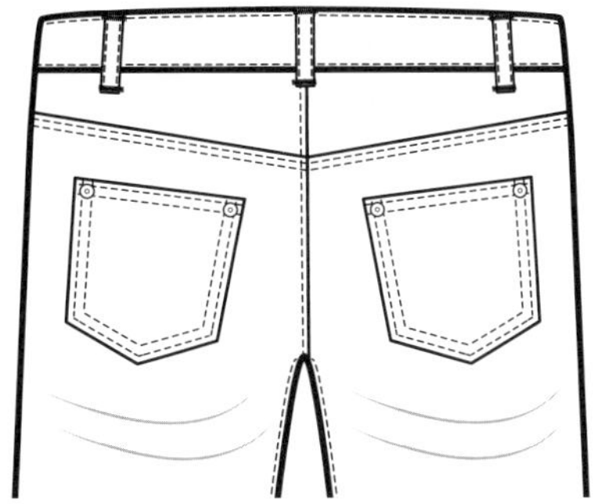

PROBLEM: Der Stoff hängt nach unten, es entstehen waagrechte oder schräge Falten an den Oberschenkeln. In diesem Fall ist der Po zu flach und füllt den hinteren Hosenbereich nicht gut aus.

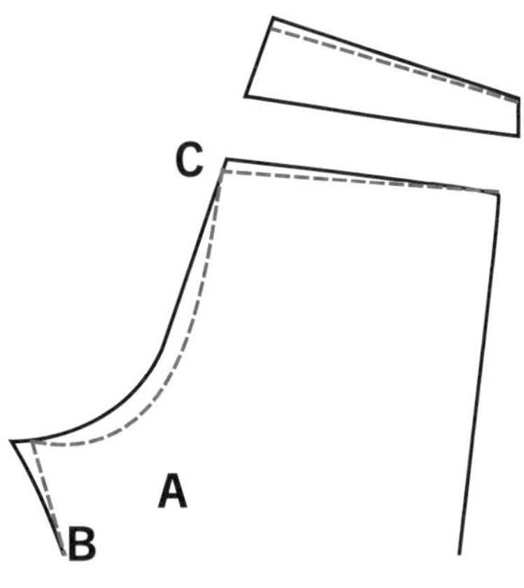

LÖSUNG: Nehmen Sie etwas Weite weg, indem Sie die Schrittwölbung vertiefen (**A**). Wenn nötig verkürzen Sie auch die Mittelnaht im Bereich der Schrittspitze (**B**). Sie können aber auch an der hinteren Mitte die Hüfthöhe an der Passe und/oder am Beinteil verkürzen (**C**).

FALTEN AM BAUCH

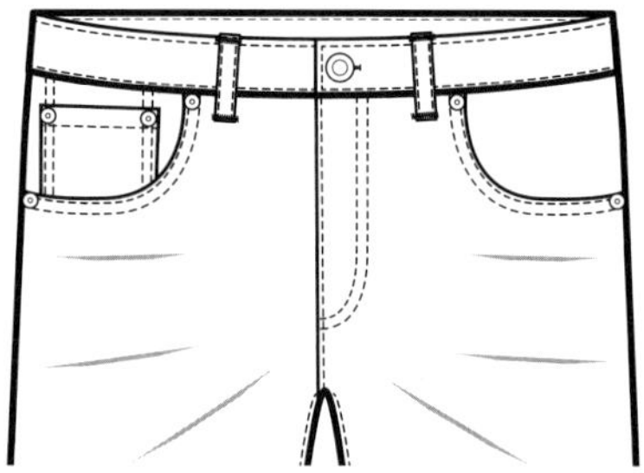

PROBLEM: Am Bauch und an der Hüfte bilden sich waagrechte oder schräge Falten, also ist die Jeans hier zu eng.

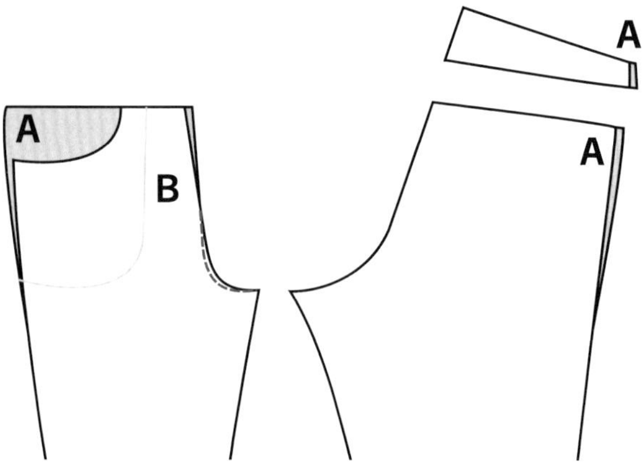

LÖSUNG: Geben Sie oben an den Seitennähten (**A**) und an der Mittelnaht etwas Weite zu und begradigen Sie den Verlauf der Mittelnaht am Vorderteil (**B**). Denken Sie daran, dass Sie die Länge des Bundes entsprechend anpassen müssen.

HOHLKREUZ

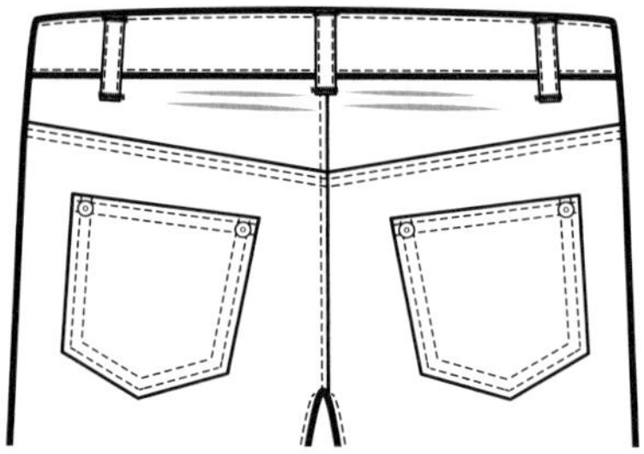

PROBLEM: Ein Hohlkreuz führt dazu, dass der Stoff an der Passe durchhängt oder absteht und sich waagrechte Falten bilden.

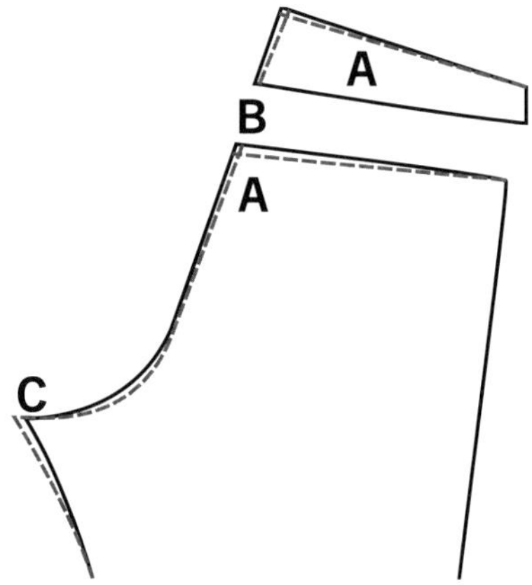

LÖSUNG: Hier braucht es mehrere kleine Schritte. Verringern Sie als Erstes die Hüfthöhe, entweder an der Passe oder am Beinteil oder auch an beiden Teilen (**A**).

Wenn der Stoff hinten deutlich absteht, nehmen Sie im oberen Bereich der Mittelnaht sowohl am Beinteil als auch an der Passe etwas Weite weg (**B**). Mehr dazu bei *Abstehender Bund* auf Seite 34.

Verlängern Sie die Mittelnaht ein wenig in Richtung Schrittspitze (**C**), dann rutscht die Hose hinten nicht mehr nach unten.

SENKRECHTE FALTEN AN DEN OBERSCHENKELN

PROBLEM: An den inneren Beinnähten bilden sich senkrechte Falten, weil dort zu viel Stoff vorhanden ist.

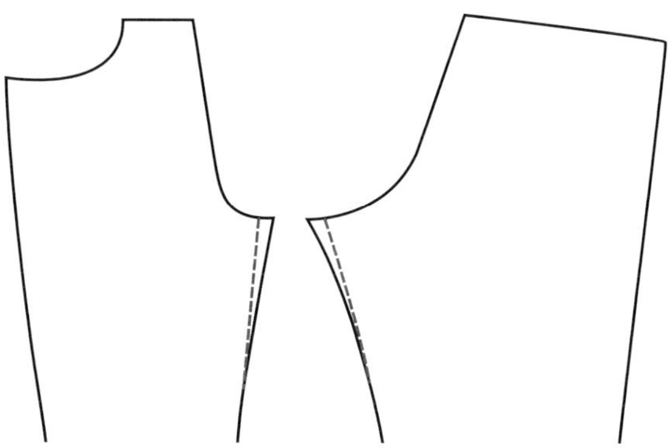

LÖSUNG: Reduzieren Sie die Weite an der Schrittspitze, entweder am vorderen oder am rückwärtigen Beinteil, je nachdem, wo die Falten auftreten.

SENKRECHTE FALTEN IM SCHRITT

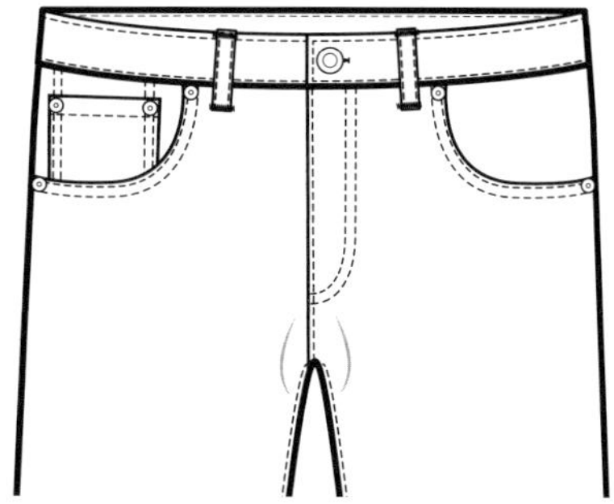

PROBLEM: Direkt oberhalb der Oberschenkel bilden sich im Schritt kleine senkrechte Falten, weil dort zu viel Stoff vorhanden ist.

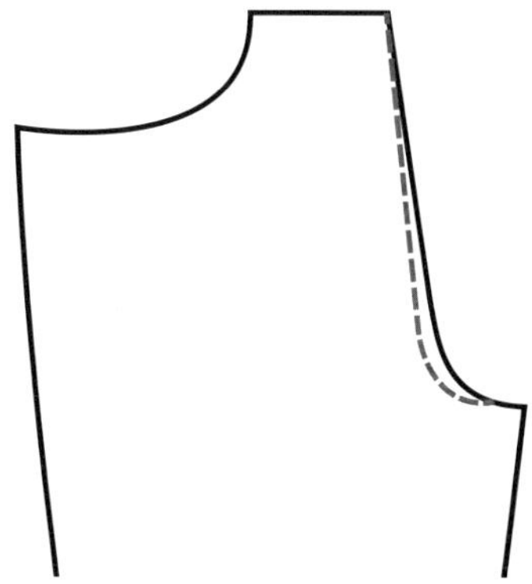

LÖSUNG: Die Rundung der vorderen Mittelnaht muss etwas tiefer sein. Arbeiten Sie in kleinen Schritten, bis die Falten verschwinden. Sie können den Verlauf der Mittelnaht noch etwas begradigen.

JEANSBEINE KÜRZEN UND VERLÄNGERN

KÜRZEN: Das Schnittteil an der Kürzungslinie (z. B. über dem Knie) falten und neuen Nahtverlauf einzeichnen.

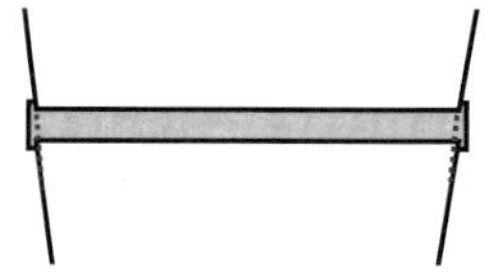

VERLÄNGERN: Das Schnittteil an der Verlängerungslinie (z. B. unter dem Knie) aufschneiden, Papier unterlegen und neuen Nahtverlauf einzeichnen.

ABSTEHENDER BUND

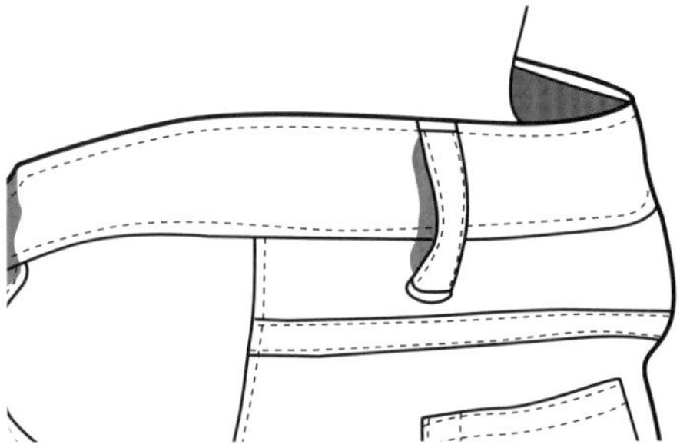

PROBLEM: Die Jeans steht im Rücken ab, weil am Bund und an der Passe zu viel Stoff vorhanden ist.

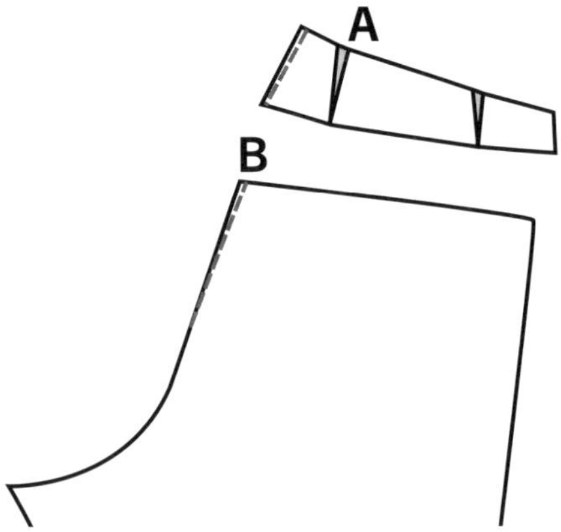

LÖSUNG: Reduzieren Sie die Weite in mehreren Schritten:

Schneiden Sie die Passe an zwei Stellen von oben her ein und lassen Sie die Teile überlappen **(A)**. Reicht das nicht, reduzieren Sie die Weite an der hinteren Mittelnaht des Beinteils und der Passe **(B)**.

Das Problem löst sich oft von selbst, wenn Sie einen Formbund verwenden. *Wie man einen Formbund näht*, ist auf Seite 28 beschrieben.

SPANNUNGSFALTEN AN DEN UNTERSCHENKELN

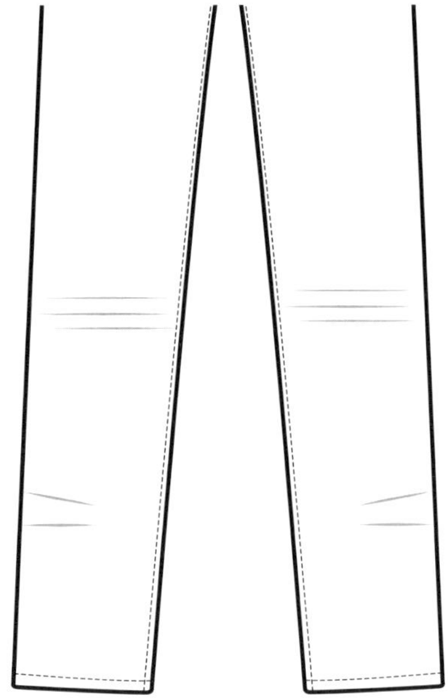

PROBLEM: Die Jeans sitzt an den Unterschenkeln sehr eng, die Seitennähte verziehen sich, der Stoff rutscht nach oben und führt zu Falten an den Knien.

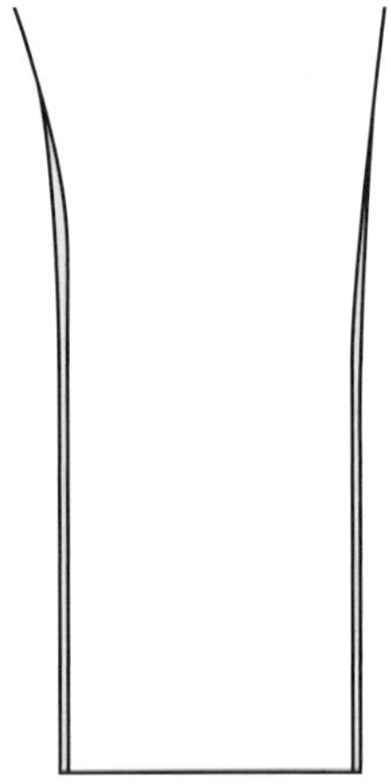

LÖSUNG: Geben Sie am rückwärtigen Hosenteil ab Kniehöhe beidseitig etwas Weite zu.

WICHTIGE HINWEISE ZUR PASSFORM

- Aufgrund der *Nähreihenfolge* (siehe ab S. 66) ist es schwierig, eine Jeans im Entstehungsprozess anzuprobieren. Besser ist es, alle Änderungen an einem Testmodell vorzunehmen, das mit einem Stoff genäht wird, der dem späteren Denimstoff möglichst ähnlich ist. Alternativ können Sie die Schnittteile auf Seidenpapier übertragen, die Teile an den Körper halten und die nötigen Anpassungen vornehmen.

- Besitzen Sie eine Jeans, die besonders gut passt? Nehmen Sie diese Jeans als Vorlage und prüfen Sie alle wichtigen Maße, z. B. Weite an Hüfte, Oberschenkeln und Taille, Schrittlänge und Bewegungszugabe.

- Es kann sein, dass eine Veränderung des Schnittmusters zu anderen Problemen mit der Passform führt. Wenn Sie etwa die Mittelnaht verkürzen, um überflüssigen Stoff zu entfernen, kann es sein, dass die Hose später beim Sitzen hinten nach unten rutscht. Deshalb ist es oft besser, kleine Veränderungen an mehreren Stellen vorzunehmen, als nur einen Bereich anzupassen.

- Hinten besteht eine Jeans aus zwei Teilen, nämlich dem Beinteil und der Passe. Deshalb sollten Sie immer beide Teile anpassen, um eine ausgewogene Passform zu erzielen.

- Wenn Sie an der vorderen Seitennaht Weite zugeben, müssen Sie dieselbe Weite auch am Taschenbeutel und am Taschenbesatz zugeben. Beachten Sie, dass der äußere, obere Teil des Vorderteils nur aus Taschenbeutel und -besatz besteht.

- Prüfen Sie immer die neue Länge der Innen- und Seitennähte, damit sie vorn und hinten gleich lang sind. Die Rundung der Innennaht am rückwärtigen Hosenteil sollte jedoch etwas kürzer sein als die entsprechende Rundung am Vorderteil und dann während des Nähens leicht gedehnt werden.

- Wenn Sie die Form der Passe und des rückwärtigen Hosenteils verändern, prüfen Sie immer, ob die Maße noch zueinander passen.

- Wenn Sie die Taillenweite an den Hosenteilen verändern, denken Sie daran, dass Sie auch den Bund entsprechend anpassen müssen.

- Versuchen Sie nicht, jede einzelne kleine Falte zu eliminieren, wenn das zu einer unbequemeren Jeans führen würde. Denimstoff dehnt sich und passt sich der Bewegung an, also sitzt eine Jeans auch nicht jeden Tag gleich.

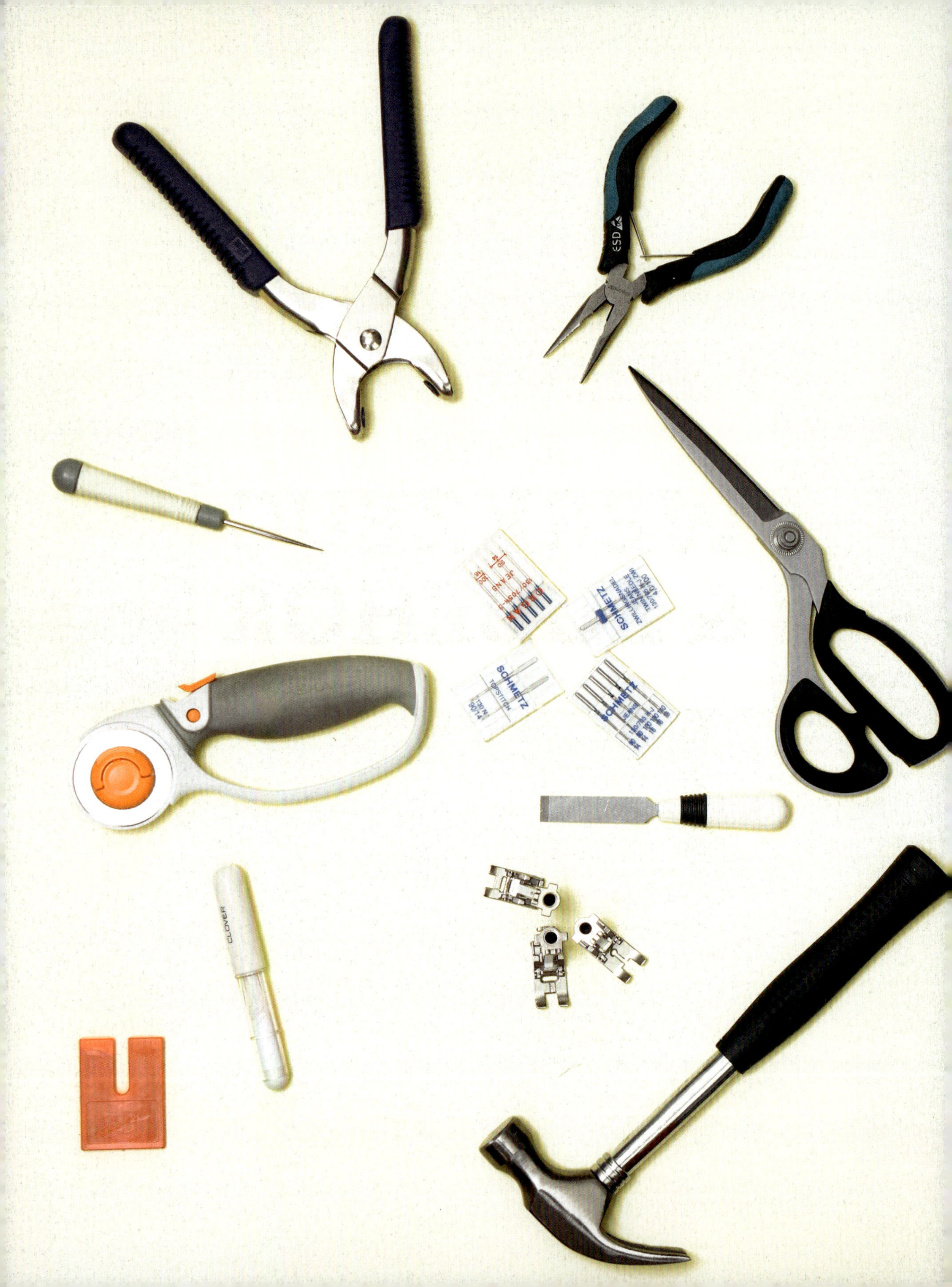
ESD
SCHMETZ
SCHMETZ
TOPSTITCH
SCHMETZ
CLOVER

KAPITEL 3

WERKZEUG & ZUBEHÖR

NÄHMASCHINENZUBEHÖR

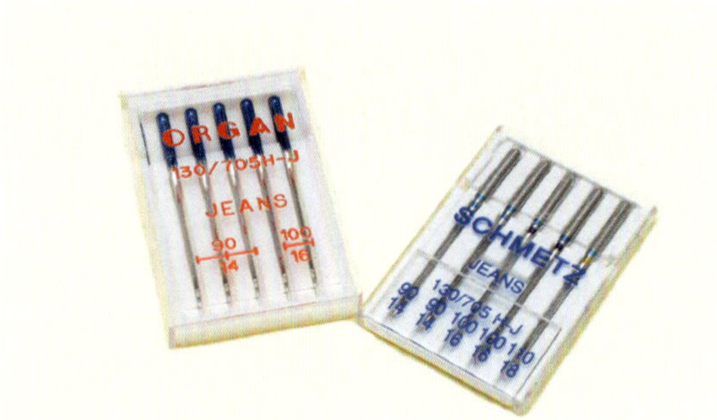

JEANSNADELN

Besonders stabile Nadeln, die speziell für dicke Stoffe geeignet sind. Es gibt sie in unterschiedlichen Größen. Je nach Denimstoff sollten Sie Nadeln der Größe 90/14, 100/16 und 110/18 vorrätig haben.

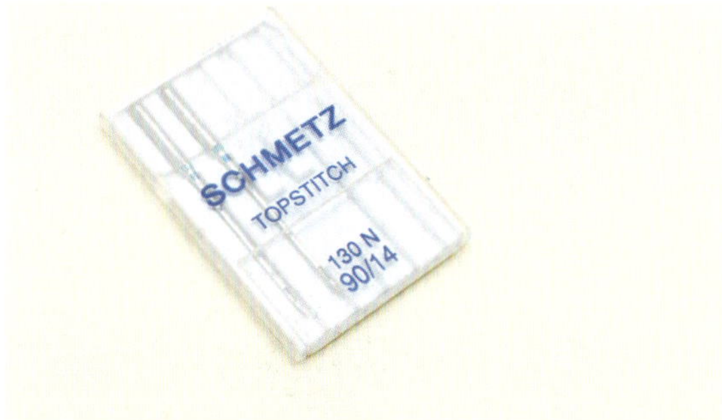

TOPSTITCHNADELN

Nadeln mit einem besonders großen Nadelöhr für die Arbeit mit dickem Nähgarn, besonders geeignet für Steppnähte bei Denim. Verwenden Sie Größe 90/14 oder 100/16, je nach Stoffdicke.

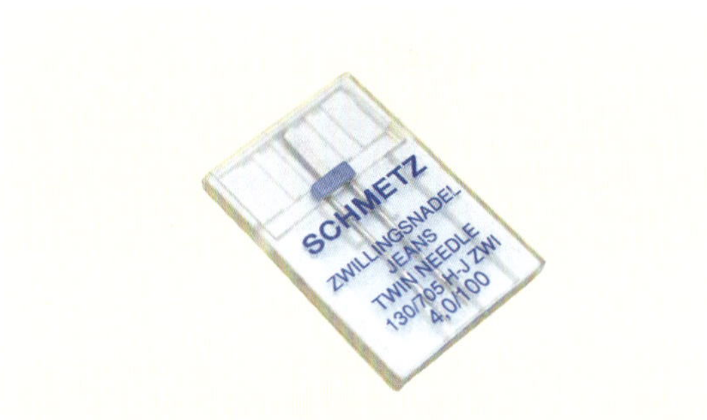

JEANS-ZWILLINGSNADEL

Besonders stabile Zwillingsnadel, die für Denim und andere dicke Stoffe geeignet ist. Sie kann für Absteppnähte und Gürtelschlaufen verwendet werden.

STANDARDNÄHFUSS

Der Standardfuß eignet sich für die meisten Jeansnähte und auch für Freihand-Knopflöcher.

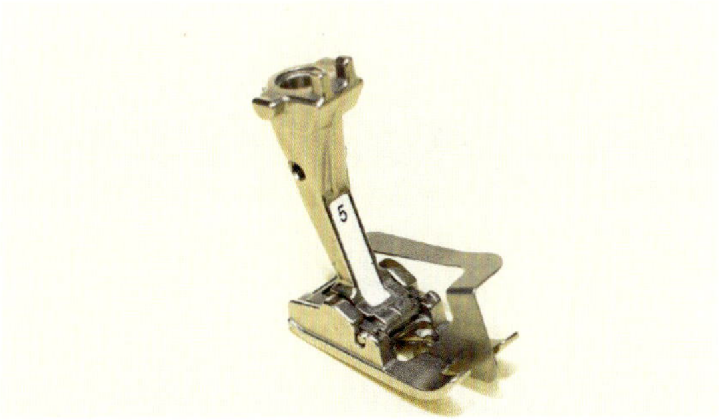

NÄHFUSS MIT KANTENFÜHRUNG

Mit einem Kantenfuß ist es sehr leicht, gerade Steppnähte an Kanten und Säumen zu nähen.

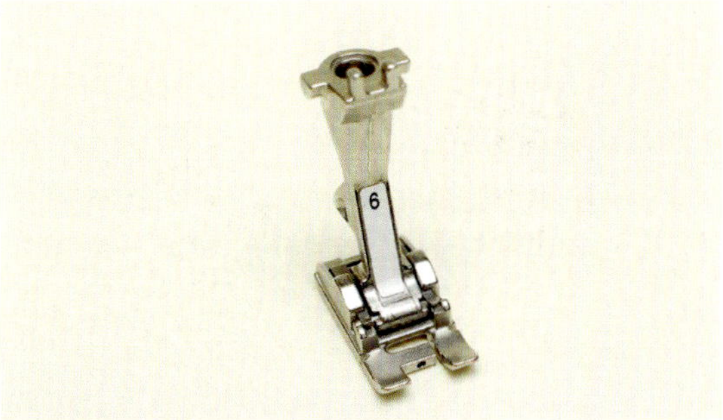

KNOPFLOCHFUSS

Nähen Sie Knopflöcher immer mit diesem Spezialfuß. Bei Jeans empfiehlt sich ein manuell gesteuertes Knopfloch, ansonsten kann es Probleme beim Stofftransport geben. Der Knopflochfuß hat in der Mitte einen Schlitz, damit man sofort sehen kann, ob die Nähte gerade verlaufen.

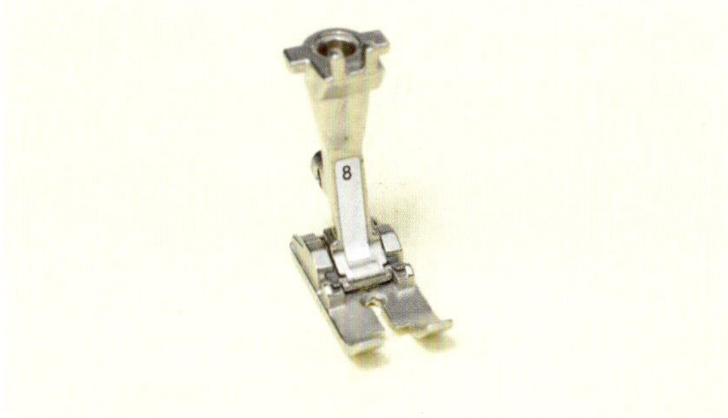

JEANSNÄHFUSS

Bei manchen Nähmaschinen gibt es als Zubehör einen speziellen Jeansnähfuß, der sich besonders für gerade Steppnähte bei dicken Stoffen eignet.

REISSVERSCHLUSSFUSS

Mit einem schmalen Reißverschlussfuß kann man direkt neben den Zähnchen nähen. Er eignet sich auch für knappkantige Steppnähte und kommt an allen Stellen gelegen, an denen es für einen Standardnähfuß zu eng wird.

KAPPNAHTFUSS

Kapper gibt es für Coverlock- und Haushaltsnähmaschinen. Die entsprechenden Bandformer werden einfach vorn angesetzt.

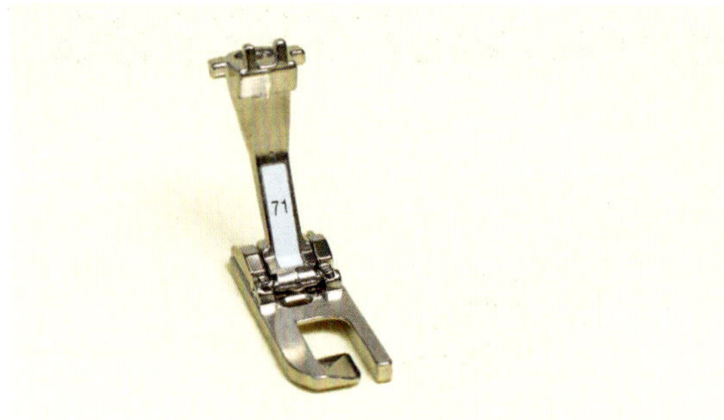

BANDFORMER

Bandformer gibt es für Coverlock- und Haushaltsnähmaschinen. Die Vorrichtung wird vorn am Nähfuß angesetzt und führt den Stoff gleichmäßig ein.

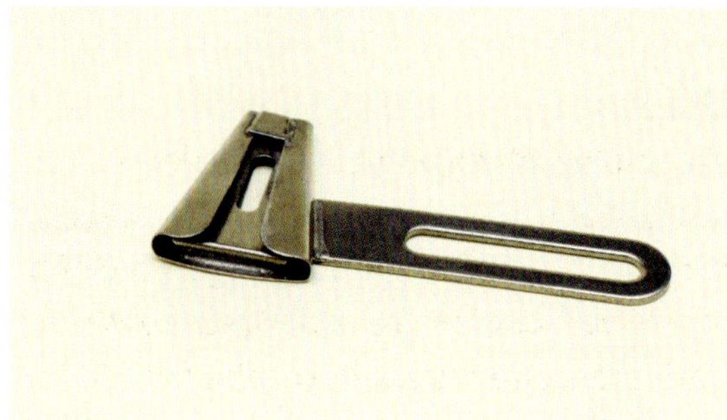

SCHRÄGBANDFORMER

Er kann zum Falten von Gürtelschlaufen und Schrägbändern verwendet werden. Für Letztere benötigen Sie möglicherweise einen Ansecktisch oder eine zusätzliche Platte, damit genügend Auflagefläche vorhanden ist.

AUSGLEICHSPLÄTTCHEN

Dieses kleine Werkzeug hält den Nähfuß waagrecht, wenn er über dicke Stoffschichten und Kanten gleitet. Es verhindert Fehlstiche und unterstützt den gleichmäßigen Stofftransport.

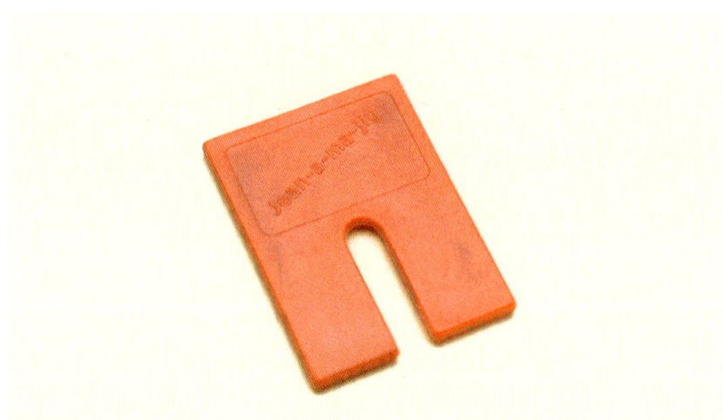

HANDWERKSZEUG

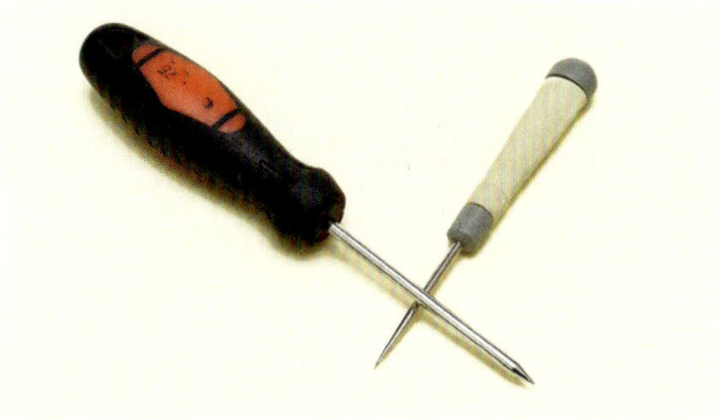

AHLE

Ein spitzes Werkzeug zum Markieren, Vorstechen von Nietenlöchern und Aufstechen der runden Öffnung bei Augenknopflöchern. Verwenden Sie eine kleine Ahle für Markierarbeiten und eine große für Löcher.

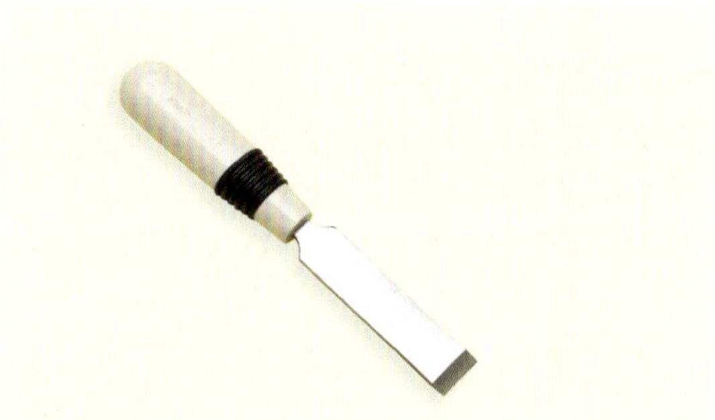

KNOPFLOCHSTANZE

Mit einer solchen Stanze wird die Öffnung des Knopflochs sauberer als mit einem Nahttrenner, weil es schärfer und präziser ist. Für Augenknopflöcher gibt es runde Stanzen.

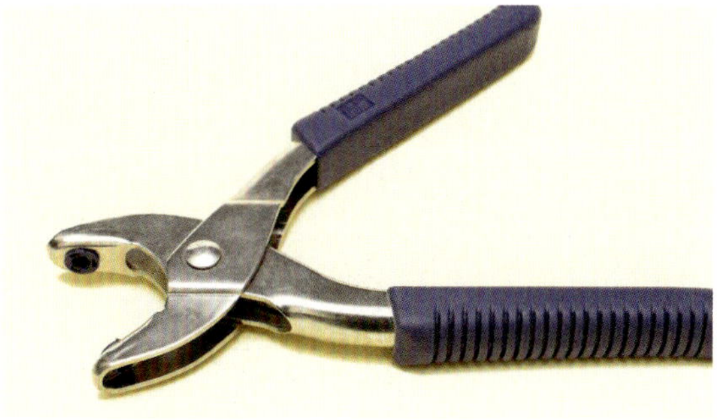

VARIOZANGE

Zange mit auswechselbaren Einsätzen zum Anbringen von Jeansknöpfen und Nieten und zum Stanzen von Löchern. Beachten Sie, dass die Zangen einiger Hersteller nur für die Verarbeitung jeweils eigener Zubehörteile geeignet sind.

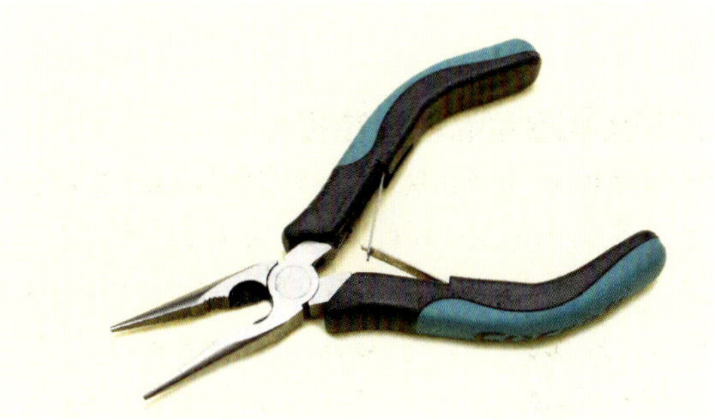

ANDERE ZANGEN

Eine Spitzzange (hier abgebildet) eignet sich gut für das Entfernen von Zähnchen, wenn ein Reißverschluss gekürzt werden muss. Mit einer Zange mit Schneidkante können Sie den zu langen Dorn einer Niete oder eines Jeansknopfs abschneiden.

ROLLSCHNEIDER
Hiermit lassen sich gerade Schnitte gut ausführen, was besonders beim Hosenbund, bei Gürtelschlaufen und Gesäßtaschen wichtig ist. Legen Sie unbedingt eine Schneidmatte unter.

SCHERE
Jeansstoff schneiden Sie am besten mit einer stabilen, scharfen Schneiderschere zu. Sie eignet sich auch für Schnittmarkierungen (z. B. Knipse).

HAMMER
Einen Hammer brauchen Sie für das Einschlagen von Nieten und Jeansknöpfen. Sie können damit auch dicke Nähte flach klopfen, um sie besser absteppen zu können.

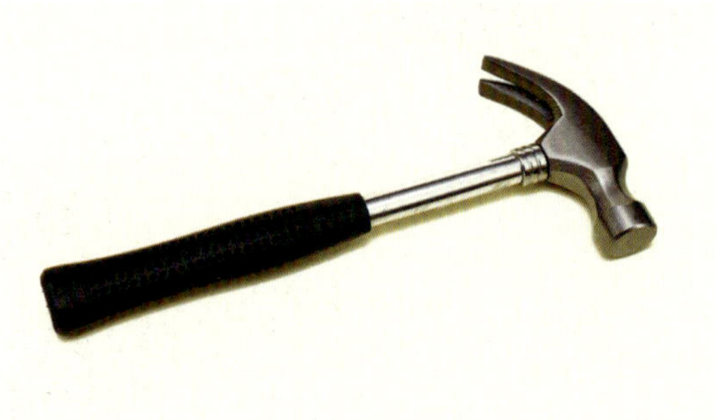

KURZWAREN

JEANSNÄHGARN

Dicker, strapazierfähiger Polyesterfaden zum Absteppen von Denim. Eignet sich für Jeans- und Topstitchnadeln der Größe 90/14 bis 110/18. Für Steppnähte kann man auch festes Knopflochgarn verwenden.

STANDARDNÄHGARN

Wird in Haushaltsnähmaschinen für alle möglichen Nähte verwendet, auch als Unterfaden bei Steppnähten. Doppelt gelegtes Standardgarn als Oberfaden ist ein guter Ersatz für festes Jeansnähgarn.

OVERLOCKGARN

Ist etwas dünner als Standardnähgarn und wird gern zur Versäuberung von Kanten mit der Overlockmaschine bzw. als Greiferfaden in der Coverlockmaschine verwendet.

BAUSCHGARN

Garn mit flauschiger Struktur, das als Ziergarn beim Overlocken von Kanten und Säumen sowie für Kettstiche auf einer Coverlockmaschine verwendet werden kann.

KNÖPFE

Für Jeans gibt es verschiedene Knöpfe: flache, vertiefte, gravierte, geprägte oder emaillierte Knöpfe sowie verschiedene Metallvarianten. Nähfreie Jeansknöpfe werden mit einem Dorn befestigt, der von der linken Stoffseite eingelegt wird.

NIETEN

Mit Nieten werden besonders beanspruchte Stellen verstärkt, z. B. an den Taschen. Manchmal werden sie auch nur als Verzierung angebracht. Nieten werden, wie Jeansknöpfe, mithilfe eines Dornes befestigt.

JEANS-REISSVERSCHLUSS

Ein nicht teilbarer Reißverschluss mit Metallzähnchen, die von der Farbe her an Goldbronze, Kupfer oder Silber erinnern. Kaufen Sie nur hochwertige, strapazierfähige Ware, denn es ist sehr mühsam, einen Jeans-Reißverschluss auszutauschen.

EINLAGEN

Verwenden Sie zur Verstärkung des Bundes und der Schlitzkanten eine Bügeleinlage. Für Denim eignen sich leichte bis mittelschwere Vlieseinlagen oder auch dehnbare Bügeleinlagen. Steife Einlagen sind nicht nötig, weil der Denimstoff selbst genügend Stand hat. Verstärken Sie den Bund einer Stretchjeans nur mit einer dehnbaren Bügeleinlage.

KAPITEL 4

NÄHTE

ÜBERSICHT: **STICHE FÜR JEANSNÄHTE**

STICH	LOOK	EINSATZ	MERKMALE
GERADSTICH		• Saumnaht • Steppnaht • Riegelnaht • Einfache Naht	• Strapazierfähig • Leicht zu nähen • Flach
1-NADEL-KETTSTICH		• Saumnaht • Steppnaht • Heftnaht • Einfache Naht	• Weniger strapazierfähig als Geradstich • Erzeugt den typischen Welleneffekt am Saum
2-NADEL-COVER-STICH		• Gürtelschlaufennaht	• Professioneller Look • Flach • Schnell zu nähen
3-FADEN-OVER-LOCKSTICH		• Einfassnaht	• Schnell zu nähen • Flach
4-FADEN-OVER-LOCKSTICH		• Einfassnaht	• Schnell zu nähen • Etwas dicker als eine Naht mit 3 Fäden • Gute Überdeckung

Übersicht: **STICHE FÜR JEANSNÄHTE**

STICH	LOOK	EINSATZ	MERKMALE
ZICKZACKSTICH		• Einfassnaht • Riegelnaht • Ziernaht	• Sehr robust • Bei dicken Lagen manchmal schwer zu nähen
ZWILLINGSNADEL-STICH		• Gürtelschlau-fennaht • Steppnaht • Ziernaht	• Leicht zu nähen • Funktioniert auf Haushaltsma-schinen • Dehnbar
DREIFACH-GERAD-STICH		• Saumnaht • Steppnaht • Verstärkernaht	• Sehr robust • Dehnbar • Ergibt eine gut sichtbare Ziernaht
5-FADEN-SICHER-HEITSSTICH		• Seitennaht	• Nur auf Overlock/ Coverlock-Maschi-nen möglich • Schließt und versäubert Naht in einem Durchgang

TIPPS FÜR ZIERNÄHTE

Haben Sie keine Angst vor diesen auffälligen Nähten auf einer Jeans. Mit den passenden Werkzeugen und der richtigen Technik gelingen sehr schöne Steppnähte auch auf einer Haushaltsnähmaschine.

EXTRASTARKES JEANSNÄHGARN

Für Ziernähte auf Jeans gibt es besonders starkes, reißfestes Nähgarn, meist reines Polyestergarn oder eine Baumwoll/Polyester-Mischung. Polyestergarn ist sehr robust und nimmt die blaue Jeansfarbe nicht an. Ein möglicher Nachteil ist sein etwas künstlich wirkender Glanz. Ein Baumwollanteil lässt das Garn natürlicher aussehen.

Die Feinheit eines Garnes wird im heute üblichen Tex-System ausgedrückt. Extrastarkes Garn für Haushaltsnähmaschinen liegt im Bereich von Tex 60 bis 80. Je fester das Garn, desto höher die Zahl. Bei der industriellen Jeansfertigung wird besonders dickes Garn verwendet, das sich aber auf Haushaltsnähmaschinen nicht gut verarbeiten lässt.

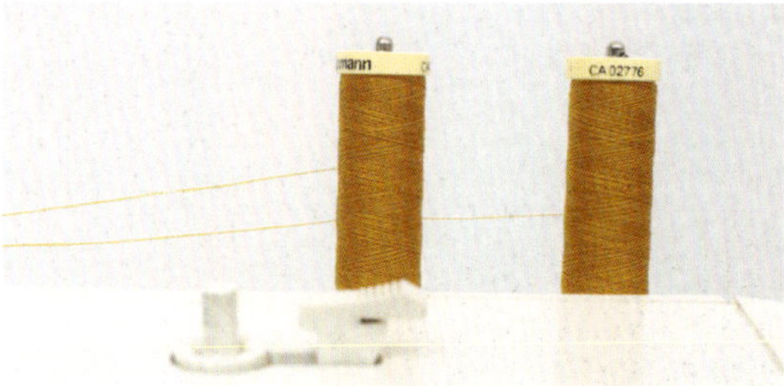

STANDARDNÄHGARN

Auf einer Haushaltsnähmaschine lässt sich mit einem doppelten Oberfaden aus Standardnähgarn ein ähnlicher Effekt wie mit einem extrastarken Jeansgarn erzielen. Eine solche Steppnaht ist eine gute Alternative, wenn Sie kein Jeansgarn in der gewünschten Farbe zur Hand haben. Standardnähgarn lässt sich zudem leichter verarbeiten.

UNTERFADEN

Auf Haushaltsnähmaschinen erzielt man mit einem Standardgarn als Unterfaden das beste Ergebnis, weil Jeansgarn oft nicht glatt durch die Spulenkapsel läuft und es zu Problemen mit der Fadenspannung kommen kann. Wenn Sie unbedingt ein Jeansgarn als Unterfaden verwenden möchten, empfiehlt es sich, eine zweite Spulenkapsel zu kaufen und mit der Spannungsfeder zu experimentieren, die in der Regel über eine kleine Schraube justiert werden kann.

Bei einigen Nähmaschinen gibt es eine spezielle Spulenkapsel für Jeansgarn als Sonderzubehör.

NÄHFUSS FÜR STEPPNÄHTE

Meist reicht ein Standardnähfuß, aber es gibt zwei Spezialfüße, deren Anschaffung sich lohnen kann. Wenn Sie beim Absteppen entlang einer Kante oder am Saum Probleme haben, eine gerade Naht zu nähen, sollten Sie sich nach Möglichkeit einen Kantennähfuß zulegen. Durch die Kantenführung lassen sich gerade und parallele Nähte mit Leichtigkeit nähen. Man muss nicht mehr rein nach Augenmaß arbeiten und kann den gleichmäßigen Stofftransport ganz der Maschine überlassen.

Eine weitere Option ist ein spezieller Steppfuß. Er hat eine relativ kleine Nadelöffnung und ist so konstruiert, dass er glatt und leicht über dicke Stofflagen läuft. Bei manchen Nähmaschinen, z. B. denen von Bernina, wird er am besten mit einer Geradstichplatte kombiniert.

STICHLÄNGE

Eine Steppnaht mit einem etwas längeren Stich ist leichter zu nähen und sieht professioneller aus als mit einem kurzen Stich. Es gibt keine perfekte Stichlänge für Steppnähte an Jeans, aber weniger als 4 mm sollte sie nicht sein.

Ein zu kurzer Steppstich sieht an einer Jeans sonderbar aus. Ähnliches gilt für einen zu langen Stich, der oft unordentlich aussieht und an einen Heftstich erinnert. Nahtdicke und Stoffart haben einen Einfluss auf die Stichbildung. Experimentieren Sie ein wenig vor dem Nähen, um die optimale Einstellung zu finden.

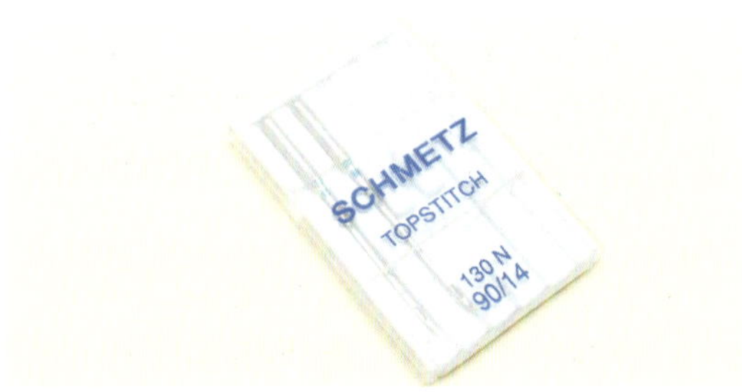

NÄHNADELN

Verwenden Sie entweder eine Jeansnadel oder eine Topstitchnadel mit einem großen Nadelöhr, damit das Garn gut einzufädeln ist. Beide Nadeltypen eignen sich gut für dicke Stofflagen.

NÄHFUSSLAGE

Der Nähfuß muss waagrecht liegen, damit die Stichbildung klappt. Bei Steppnähten an Jeans gibt es aber mehrere Bereiche, die höher sind als andere, z. B. an Taschenkanten, Gürtelschlaufen und Nahtkreuzungen.

Der Nähfuß muss also ausbalanciert werden, damit er nicht schräg liegt. Dazu verwenden Sie ein kleines Ausgleichsplättchen, das einen Teil des Nähfußes anhebt.

Oft reicht es aber auch, wenn Sie ein gefaltetes Stück Stoff unter den Nähfuß legen, um ihn in die richtige Position zu bringen. Finden Sie heraus, welche Methode Ihnen mehr zusagt.

Einige Nähfüße haben einen eingebauten Balanciermechanismus, der sich mithilfe eines Drehknopfs justieren lässt.

FADENSPANNUNG

Zur korrekten Stichbildung braucht Jeansnähgarn eine relativ hohe Fadenspannung. Das gilt auch für Maschinen mit automatischer Spannungsregelung.

Ermitteln Sie die richtige Spannungseinstellung mit einigen Probenähten auf dem Originalstoff und achten Sie darauf, dass Sie über die richtige Anzahl an Stofflagen nähen. Faustregel: je dicker das Nähgarn, desto höher die Fadenspannung. Auch die Zahl der Stofflagen hat einen Einfluss auf die nötige Fadenspannung.

Spannung zu locker. Oberfaden bildet auf der linken Seite Schlingen.

Spannung zu fest. Unterfadenknötchen sind auf der rechten Seite sichtbar.

Richtige Spannung. Ober- und Unterfaden verbinden sich korrekt.

SO STEPPT MAN RICHTIG

- Mit gesenkter Nadel beginnen und beide Fadenenden nach hinten ziehen. So verheddern sich die Fäden nicht.
- Nähen Sie langsam und führen Sie den Stoff vorsichtig mit beiden Händen. Schnelles Nähen führt gerade bei dicken Stofflagen zu unregelmäßigen Stichen.
- Wenn Sie anhalten und den Stoff neu ausrichten oder ein Ausgleichsplättchen einschieben möchten, bleibt die Nadel im Stoff stecken, denn nur so bleiben die Stiche gleichmäßig und gerade.
- Bei Problemen mit Querfältchen und Kräuselstellen, die gerade bei leichten und dehnbaren Denimstoffen vorkommen können, nähen Sie beide Steppreihen richtungsgleich. Andererseits sind kleine Unregelmäßigkeiten oft auch Teil des klassischen Looks einer Jeans.
- Sichern Sie das Nahtende nicht durch Rückstiche, weil diese wulstig wirken können. Nähen Sie stattdessen am Nahtende einfach ganz kurze Stiche. Noch besser hält die Naht, wenn Sie einen *Riegel nähen* (siehe S. 62).

EINE KAPPNAHT NÄHEN

Bei Kappnähten werden Teile mit verschieden breiten Nahtzugaben zusammengenäht. Die schmalere Zugabe wird mit der breiteren eingefasst und es entsteht eine flache, robuste Naht. Bei einer Jeans werden die Innen-, Passen- und Mittelnähte oft als Kappnaht ausgeführt.

Sehen Sie sich einmal eine gekaufte Jeans von der linken Seite aus an, dann werden Sie höchstwahrscheinlich Kappnähte entdecken.

In der Bekleidungsindustrie werden Kappnähte mit Spezialmaschinen genäht, doch auch mit einer Haushaltsnähmaschine kann man Kappnähte nähen oder imitieren.

NAHTZUGABEN FÜR KAPPNÄHTE

Für echte Kappnähte müssen die Schnittmuster unterschiedlich breite Nahtzugaben haben.

Beim oben liegenden Teil (das abgesteppt wird) sollte die Nahtzugabe nur etwa halb so breit sein wie beim unteren Teil; bei der Mittelnaht muss die rechte Nahtzugabe also doppelt so breit sein wie die linke, die bei den meisten Jeans oben liegt.

Die rechts aufgeführten Nahtzugaben können Sie nach Belieben anpassen, z. B. wenn Sie die Passennaht nach oben und nicht nach unten bügeln möchten.

Wenn eine Kappnaht breiter sein soll, vergrößern Sie einfach die Nahtzugaben entsprechend.

EMPFOHLENE NAHTZUGABEN FÜR KAPPNÄHTE

A. Mittelnaht rechts 24 mm
B. Mittelnaht links 12 mm
C. Innennaht Hinterhose 24 mm
D. Oberkante Hinterhose 12 mm
E. Innennaht Vorderhose 12 mm
F. Mittelnaht Passe rechts 24 mm
G. Mittelnaht Passe links 12 mm
H. Unterkante Passe 24 mm

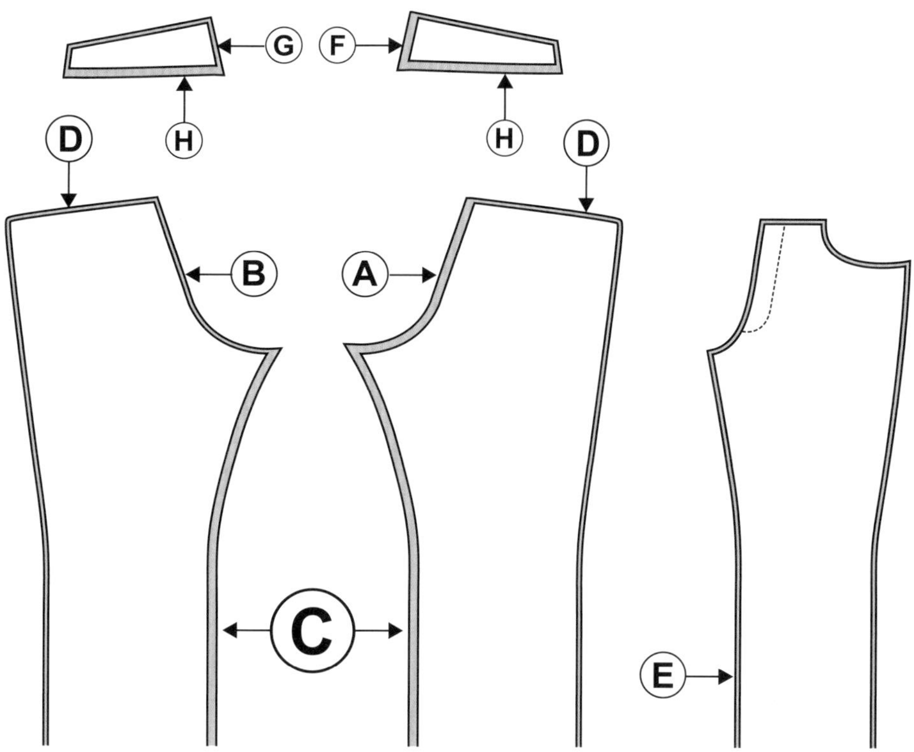

ECHTE KAPPNAHT

In der Bekleidungsindustrie werden echte Kappnähte genäht, bei denen die breitere Nahtzugabe die schmalere überdeckt.

Man arbeitet dazu mit einer speziellen Faltvorrichtung für die Stoffkante. Sie können mit einer Haushaltsnähmaschine mit nur wenig Aufwand ähnliche Nähte herstellen.

ZUBEHÖR

- Jeansnadel (für die Markierlinie)
- Topstitchnadel (für die Steppnähte)
- Einfaches Nähgarn für die Markierlinie und als Unterfaden
- Jeansgarn als Oberfaden zum Absteppen

1 **Markierlinie nähen.** Auf allen Teilen mit einer Nahtzugabe von 12 mm (**A**) eine Markierlinie im Abstand von 10 mm von der Kante nähen. Einfaches Nähgarn verwenden.

2 **Kante umfalten.** Kante entlang der Markierlinie zur linken Seite hin falten und bügeln.

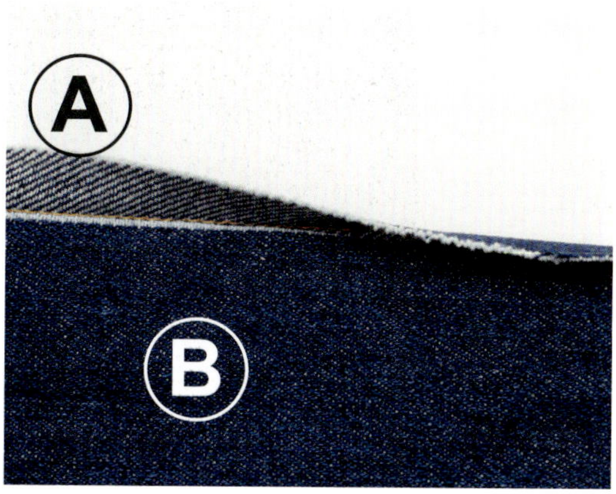

3 **Teil (B) mit der breiteren Nahtzugabe (24 mm) in die Falte schieben.** Darauf achten, dass die Kante genau im Umbruch liegt.

4 **Teile sichern (optional).** Dazu **A** und **B** zusammennähen, um versehentliches Verrutschen zu verhindern. **B** rechts auf links auf **A** legen, an der Markierlinie ausrichten und knappkantig festnähen.

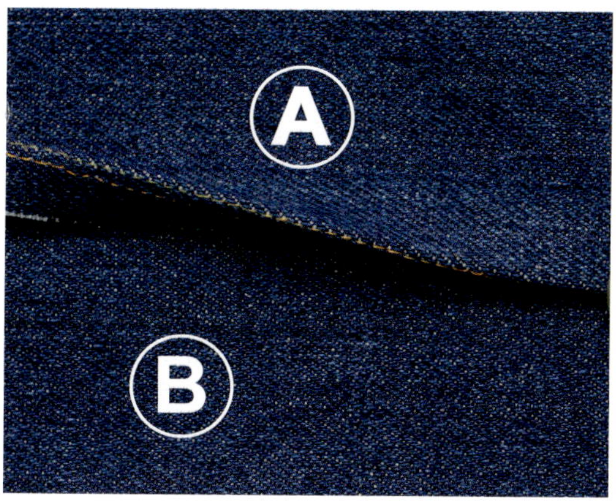

5 **Falten, bügeln, Naht einfassen.** Teil **B** so falten, dass es die gesamte Nahtzugabe von Teil **A** überdeckt. Nahtbereich bügeln.

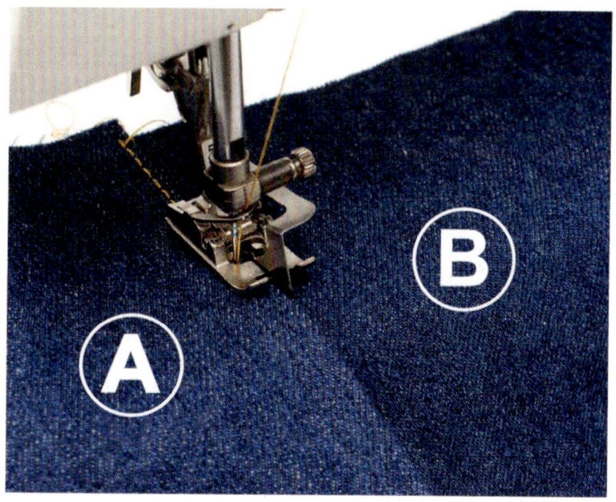

6 **Außenkante absteppen.** Erste Steppnaht knapp 3 mm neben der Außenkante nähen. Dabei die Faltkante mit den Fingern flach drücken, damit sie erhalten bleibt.

7 **Zweite Steppnaht nähen.** Im Abstand von 6–8 mm eine zweite Steppnaht durch alle Lagen der Kappnaht nähen; dazu vorher sorgfältig ausmessen.

8 **Fertige Kappnaht.** Mit dieser Methode erhält man eine Kappnaht, die absolut professionell wirkt.

9 **Rückseite.** Eine echte Kappnaht sieht auf der Rückseite genauso sauber aus. Die Markierlinie ist unsichtbar, weil sie in der Falte verschwindet.

KAPPNAHT MIT SPEZIALFUSS

Viele Nähmaschinenhersteller bieten einen Kapper an, also einen Spezialfuß, mit dem sich Kappnähte auch auf Haushaltsmaschinen leicht nähen lassen. Ein breiter Kapper, ca. 8–9 mm, eignet sich gut für Jeansnähte.

Die Methode hat einen Nachteil: Bei der ersten Steppnaht sieht man den Unterfaden, bei der zweiten den Oberfaden. Ein dickes Steppgarn ist eher ungeeignet, weil die Fadenspannung meist nicht ausgewogen ist. Verwenden Sie stattdessen ein gutes Standardnähgarn als Ober- und Unterfaden und stellen Sie die Spannung optimal ein.

Bei sehr schweren Denimstoffen funktioniert die Methode mit dem Kapper oft nicht. Nähen Sie also immer zuerst eine Probenaht.

ZUBEHÖR

- Breiter Kapper (8–9 mm)
- Standardnähgarn
- Jeans- oder Topstitchnadel

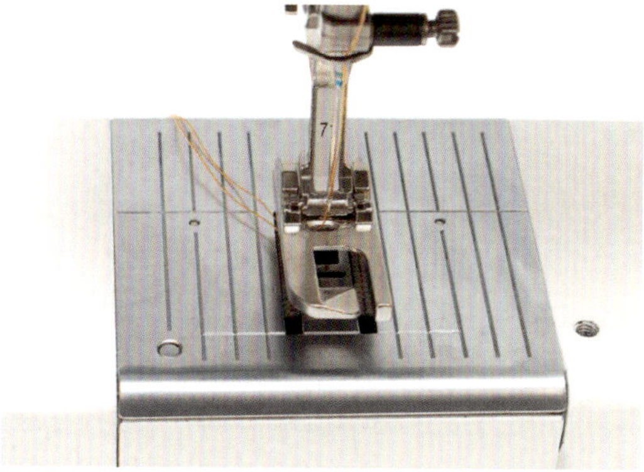

1 **Maschine einrichten.** Standardgarn als Ober- und Unterfaden verwenden, da beide Fäden später sichtbar sind. Kapper einsetzen und empfohlene Stichlänge einstellen.

2 **Teile links auf links legen.** Unteres Teil sollte 10–12 mm vorstehen, je nach Breite des Kappers. Beachten Sie die Empfehlungen des Maschinenherstellers.

3 **Naht vorbereiten.** Stoffkante falten, dabei unteren Stoff um den oberen legen. Stoff unter den Kapper legen, rechte Stoffkante an der rechten Nähfußkante ausrichten.

4 **Erste Naht nähen.** 2 bis 3 Stiche nähen, Nadelposition unten, Kapper anheben, gefaltete obere Stofflage in die Kapperführung einlegen.

5 **Kante absteppen.** Darauf achten, dass Stoffkante und Faltkante am Kapper ausgerichtet sind.

6 **Fertige Naht bügeln.** So bügeln, dass die offene Stoffkante innen liegt und in der Falte verschwindet.

7 **Zweite Naht vorbereiten.** Faltkante zeigt nach links; so in den Kapper einlegen und Naht steppen.

8 **Zweite Naht steppen.** Darauf achten, dass die zweite Naht parallel zur ersten verläuft.

9 **Fertige Naht.** Bei der unteren Naht ist der Unterfaden sichtbar, bei der oberen Naht der Oberfaden. Bei vielen Haushaltsmaschinen ist es sehr schwer, die Fadenspannung so einzustellen, dass die Stichlängen absolut gleich sind. Man erhält aber zwei saubere Nahtreihen ohne allzu großen Aufwand.

RIEGEL NÄHEN

Ein Riegel ist eine kurze Naht mit sehr dichten Stichen, die besonders strapazierte Bereiche verstärkt, z. B. Reißverschluss, Taschenkanten, Schlitzkanten, Gürtelschlaufen, Mittelnaht. In der Bekleidungsindustrie gibt es dafür spezielle Maschinen, aber auch jede Haushaltsmaschine bietet geeignete Stiche.

MASCHINENEINSTELLUNG

Stellen Sie einen engen Zickzackstich mit kurzer Stichlänge und -breite ein.

Länge: 0,3–0,5 mm

Breite: 2–2,5 mm

Es gibt auch Riegel mit Geradstichen; dazu einfach zwei oder drei parallele Nähte hin und zurück nähen.

Diese Werte sind nur Empfehlungen. Machen Sie immer zuerst einige Probenähte auf mehreren Lagen des Originalstoffs. Falls Sie mit Jeansgarn auf einem schweren Denimstoff arbeiten, kann es sein, dass der Stoff nicht richtig transportiert wird; stellen Sie dann einen etwas längeren Stich ein.

NÄHFUSSLAGE JUSTIEREN

Wenn ein Riegel auf einer wulstigen Stelle genäht wird, etwa bei Taschenkanten oder Gürtelschlaufen, muss der Nähfuß absolut waagrecht liegen, ansonsten funktioniert der Stofftransport nicht richtig und es kommt zu Fehlstichen. Meist reicht es, ein Stück gefalteten Stoff unterzulegen.

Sie können aber auch ein Ausgleichsplättchen (auch Hebeplättchen oder Hebamme genannt) unterlegen.

GARNOPTIONEN

Als Oberfaden verwenden Sie Jeansgarn oder zwei Fäden eines Standardgarns. Als Unterfaden empfiehlt sich ein normales Allzweckgarn, weil sich die Stiche dann nicht so leicht verheddern.

Riegel müssen nicht mit dem traditionellen goldfarbenen Jeansgarn genäht werden. Bei einigen Markenjeans wird z. B. ungebleichtes weißes Garn bzw. rotes oder blaues Garn für alle Riegel verwendet.

KAPITEL 5

ZUSAMMEN-NÄHEN

NÄHREIHENFOLGE

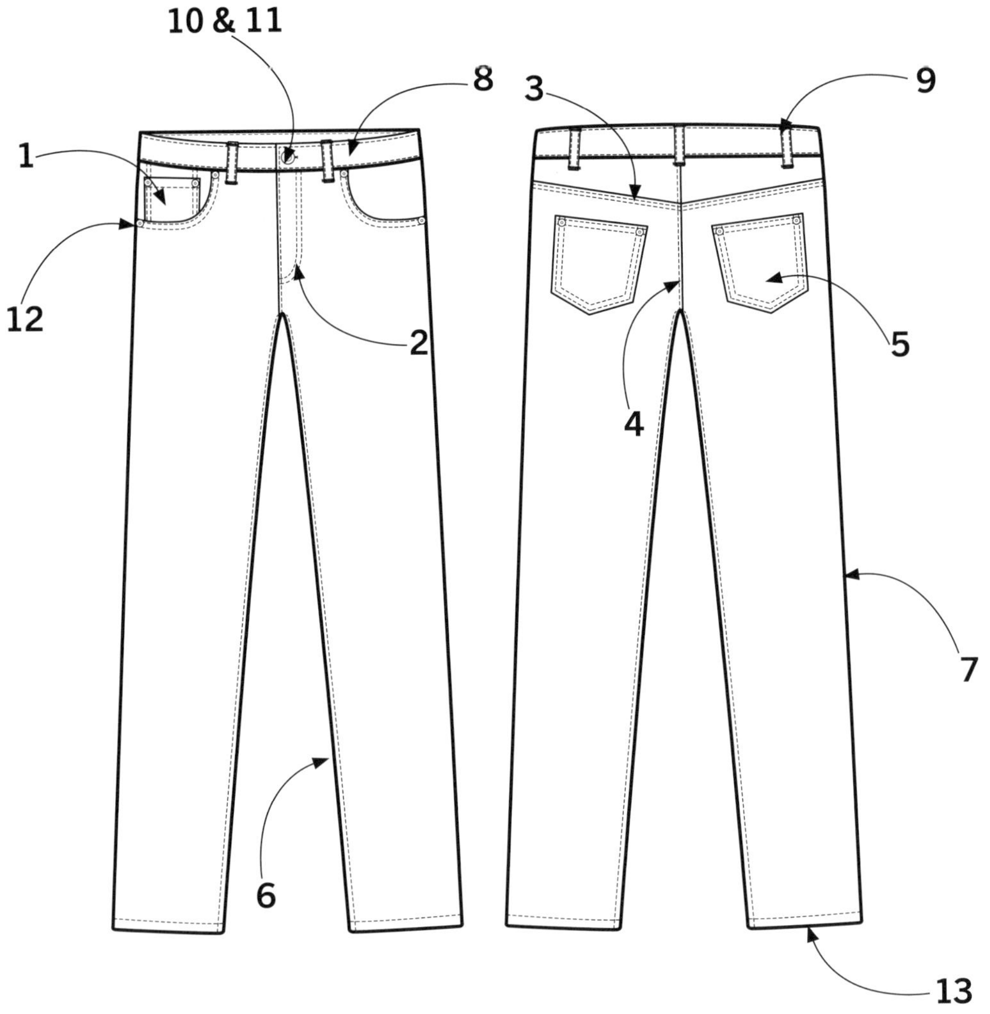

1 VORDERE TASCHEN
2 SCHLITZ
3 PASSE
4 HINTERE MITTELNAHT
5 GESÄSSTASCHEN
6 INNERE BEINNAHT
7 SEITENNAHT
8 BUND
9 GÜRTELSCHLAUFEN
10 KNOPFLOCH
11 KNÖPFE
12 NIETEN
13 SAUM

JEANSNÄHTE BÜGELN

Wie bei jedem Nähprojekt sollten Sie auch bei Jeans die Nähte kontinuierlich bügeln, um ein professionelles Ergebnis zu erzielen. Jeansnähte sind besonders an Nahtkreuzungen sehr dick, deshalb muss man sie unbedingt bügeln, um das Volumen zu reduzieren.

TIPPS ZUM BÜGELN

- Von der linken Stoffseite aus bügeln.
- Bei reinem Baumwolldenim auf Baumwolltemperatur stellen.
- Bei Mischungen mit Elastan und Polyester eine niedrigere Temperatur einstellen.
- Temperatur auf einem Reststück des Stoffes testen.
- Nahtzugaben unter Dampf oder mit einem feuchten Tuch auseinanderbügeln, dann nochmal ohne Dampf oder Feuchtigkeit bügeln.
- Damit sich beim Bügeln die Stoffkanten nicht auf die rechte Seite durchdrücken, Nahtzugaben anheben und den darunter iegenden Stoff von links aus glatt bügeln.
- Bei zu hoher Temperatur entstehen Glanzstellen. Lieber nicht ganz so heiß bügeln, auf der linken Stoffseite arbeiten und den Stoff mit einem Bügeltuch schützen. An dicken Stellen, z. B. Taschenkanten, Gürtelschlaufen, Bundkanten und Nahtkreuzungen, besonders sorgfältig bügeln.

MERKMALE EINER AUTHENTISCHEN JEANS

Was eine authentische Jeans ausmacht, ist unter Jeansliebhabern sehr umstritten. Oft geht es um kleinste Details. Es ist hochinteressant, in diese Welt einzutauchen und zu entdecken, dass ein unscheinbares Detail einen sehr großen Unterschied bei der Bewertung einer Jeans ausmachen kann.

Manche Jeansfans legen besonderen Wert auf authentische Merkmale, die es von Anfang an gab. Man blickt dabei zurück auf das späte 19. Jahrhundert bis in die 1950er Jahre. Perfekte Verarbeitung und hochwertige Materialien spielen auch eine große Rolle.

Heutzutage schätzt man besonders Jeans aus Japan, gerade wenn es um gute Qualität und dezente Details geht, die sich stark an den frühen amerikanischen Modellen orientieren.

Die Details auf der nächsten Seite basieren auf der Meinung eines Profis und Connaisseurs aus der Jeansindustrie, der für dieses Buch konsultiert wurde. Aber wie so oft im Leben gibt es auch hier ganz unterschiedliche Ansichten!

KNÖPFE

Art: Metall mit Vertiefung oder glatt

Metallfarbe: Messing, Kupfer oder mattes Silber

Knopfloch: Augenknopfloch, dickes Knopflochgarn

GÜRTELSCHLAUFEN:

Technik: 2-Nadel-Coverstich oder einzelne Absteppnaht

Riegel: Enger Zickzackstich, kurze Stichlänge

BUND

Stich: Geradstich oder Kombi aus Gerad- und Kettstich

Form: Gerade

GESÄSSTASCHEN

Steppnaht: Zwei Reihen Geradstiche

Riegel: Enger Zickzackstich, kurze Stichlänge

Nieten: Verdeckt oder ohne Nieten

Ziernähte: Geschwungene Ziernähte, maschinelle Geradstiche oder Handstiche

VORDERTASCHEN

Naht: Zwei Reihen Kettstiche

Münztasche: Oberkante ist gefaltete Webkante

Nieten: Messingnieten an jeder Nahtecke

TASCHENBEUTEL

Nähte: Französische Nähte

Stoff: 100 % ungebleichter Baumwolltwill

BEINNÄHTE

Seitennaht: Nahtzugabe 10–13 mm, mit Webkante auseinandergebügelt, ansonsten Overlocknaht

Innennaht: Kappnaht von der Unterkante des linken Beines aus durchgängig genäht

Riegel: Enger Zickzackstich mit kurzer Stichlänge oder Geradstiche

JEANSSTOFF

Webart: 3x1 Twill (3 dunkelblaue Kettfäden auf jeden weißen Schussfaden)

Färbung: Indigoblau

Gewicht: 12–16 oz

SAUM

Stich: Kettstich

Saumzugabe: 25–30 mm, doppelt gefaltet, fertige Breite 13–15 mm

EINFACHE VORDER-TASCHEN

Solche Taschen findet man heute vor allem bei Konfektionsware, besonders bei Jeans von großen Markenherstellern. Sie sind leichter und schneller zu nähen als klassische Vordertaschen.

Für die Taschenbeutel eignet sich Stoff von alten Hemden, speziell wenn sie aus schwerem Baumwollstoff oder einer Baumwoll/Polyester-Mischung gemacht sind, weil ähnliche Stoffe auch in der Jeansindustrie verwendet werden.

Wenn Sie *klassische Vordertaschen mit Münztasche* und französischen Nähten bevorzugen, blättern Sie weiter zu Seite 74.

ZUBEHÖR

- Strapazierbarer weicher Stoff, Baumwolltwill oder Bw/Poly-Mischung
- Absteppgarn
- Nähfuß mit Kantenführung (optional)
- Jeans- oder Topstitchnadeln
- Schnittteile für Vordertaschen (Download-Hinweise auf S. 184)

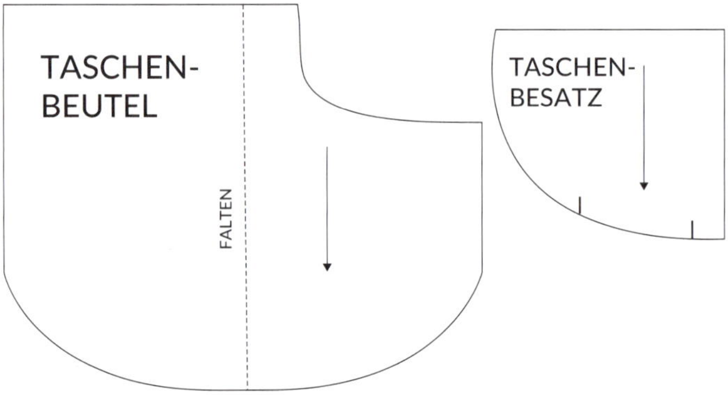

SCHNITTTEILE

Eine Vordertasche besteht aus zwei Teilen: dem Taschenbeutel und dem Besatz. Der Beutel wird mittig gefaltet und sowohl in den Bund als auch die Seitennaht eingenäht. Durch die gerundete Form können sich keine Flusen in den Ecken ansammeln.

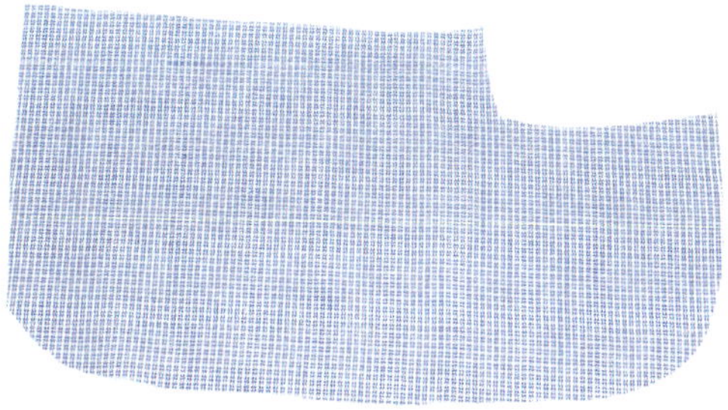

1 **Stoffteile ausschneiden.** Gerundete Kante des Besatzes versäubern. **Hinweis:** Auch die Beutelkanten könnte man jetzt versäubern, doch in diesem Tutorial wird das später erledigt, weil es zeitsparender ist.

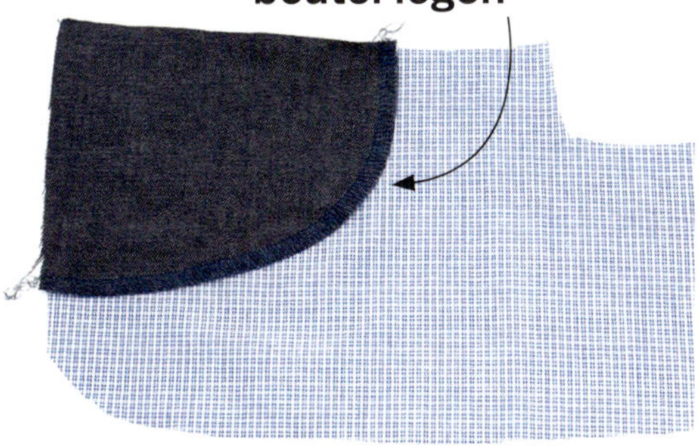

2 **Besatz festnähen.** Den Besatz auf den Taschenbeutel legen und mit einem Geradstich entlang der gerundeten Kante festnähen. Bei gekauften Jeans ist der Besatz mit zwei parallelen Nähten festgenäht. Münztasche, falls vorgesehen, vor dem nächsten Schritt aufnähen. Anleitung dazu auf Seite 75/76.

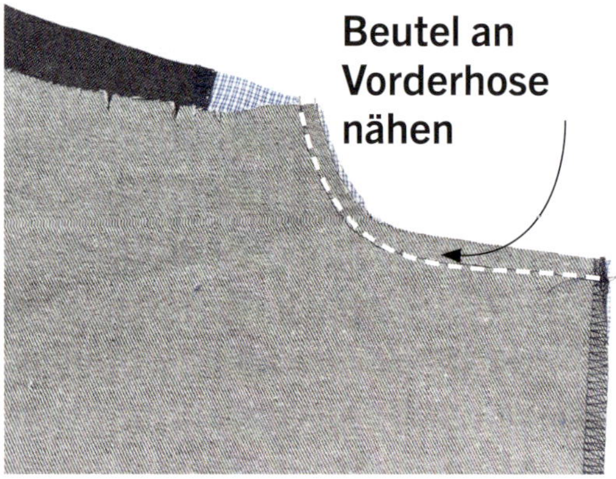

3 **Den Taschenbeutel an die Vorderhose nähen.** Beutel rechts auf rechts auf die Eingriffkante legen. Vor dem Nähen Tasche falten um zu prüfen, ob der Besatz auf der richtigen Seite liegt. Knappkantig nähen, dann liegt die Naht später schön flach.

4 **Wenden und bügeln.** Oberstoff an der Eingriffkante etwas nach innen ziehen, damit man später den Taschenbeutel von außen nicht sieht.

5 **Tascheneingriff absteppen.** Erste Steppnaht knapp neben der Stoffkante. Ein Nähfuß mit Kantenführung ist empfehlenswert. Zweite Naht mit Standardnähfuß, ausrichten an der rechten Fußkante.

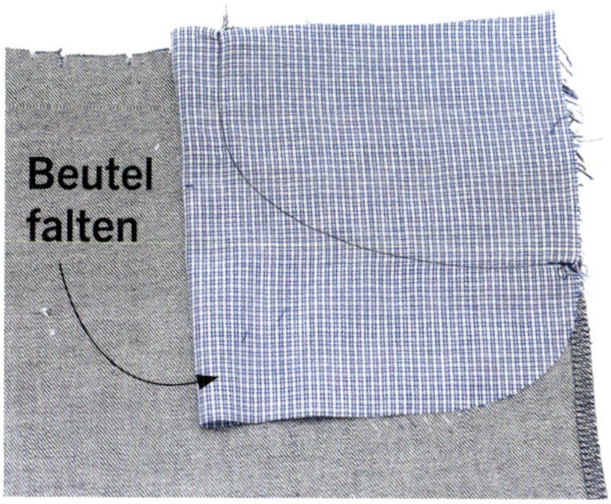

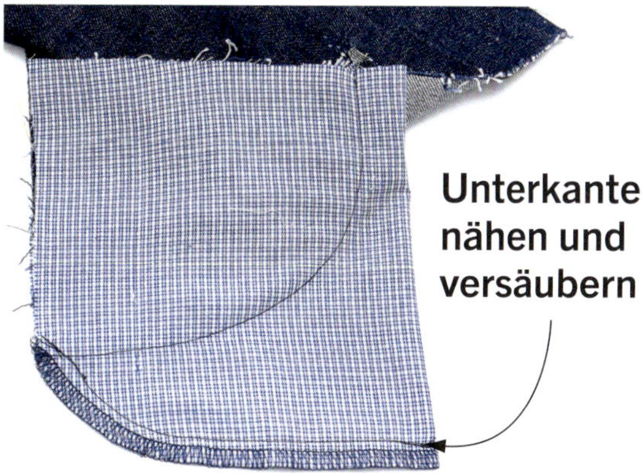

6 **Unterkante des Taschenbeutels zusammennähen.** Beutel mittig falten und unten mit einem Geradstich zunähen, danach die Unterkante versäubern.

7 **Kanten heften.** Obere und seitliche Kante mit der Maschine heften. Die Teile verschieben sich dann später beim Zusammennähen nicht.

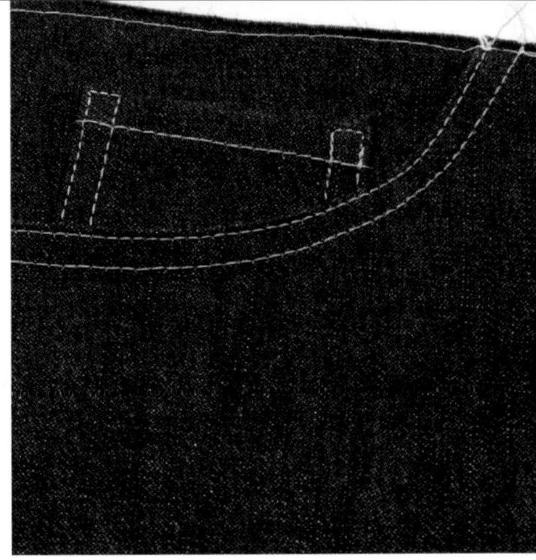

KLASSISCHE VORDERTASCHEN MIT MÜNZTASCHE

Dieses Tutorial zeigt, wie man authentische Taschen näht, einschließlich Münztasche und französischer Naht. Diese Methode wird auch bei hochwertigen Jeans verwendet und lässt Ihre Eigenkreation absolut professionell wirken.

ZUBEHÖR

- Stoff für Taschenbeutel, idealerweise ungebleichte Baumwolle oder Bw/Poly-Mischung
- Absteppgarn
- Nähfuß mit Kantenführung (optional)
- Jeans- oder Topstitchnadel
- Schnittteile für Vordertaschen (*Schnittvorlagen* ab S. 186)

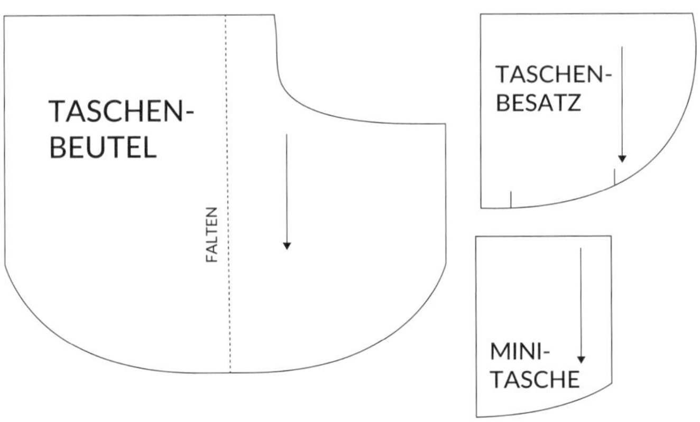

SCHNITTTEILE

Diese Vordertasche besteht aus drei Teilen: Taschenbeutel, Besatz und Münztasche. Der Beutel wird mittig gefaltet und sowohl in den Bund als auch in die Seitennaht eingenäht. Beutel und Besatz zweimal, Münztasche einmal zuschneiden.

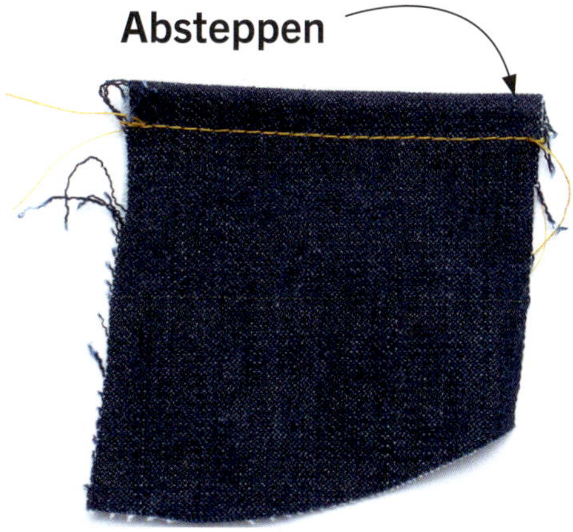

1 **Oberkante der Münztasche falten und absteppen.** Oberkante in etwa gleicher Breite zweimal falten und bügeln. Danach einmal oder zweimal absteppen.

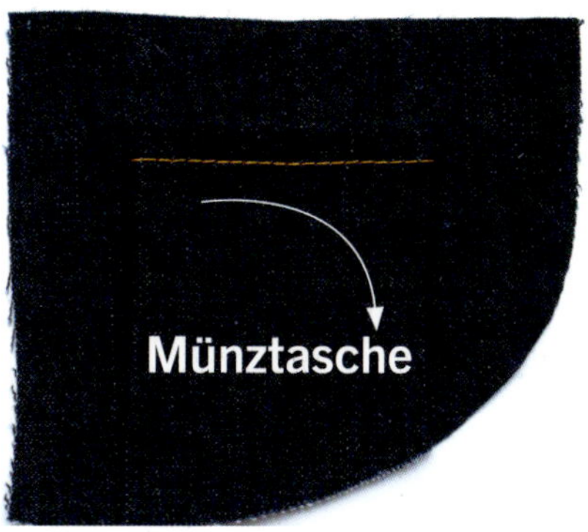

2 **Seitliche Nahtzugaben nach innen falten.** Dabei auf gleichmäßige Breite achten. Sorgfältig bügeln, wenn möglich unter Dampf.

3 **Münztasche auf rechten Taschenbesatz legen.** Wenn Sie die Schnittteile aus diesem Buch verwenden (siehe S. 184), an den entsprechenden Markierungen ausrichten.

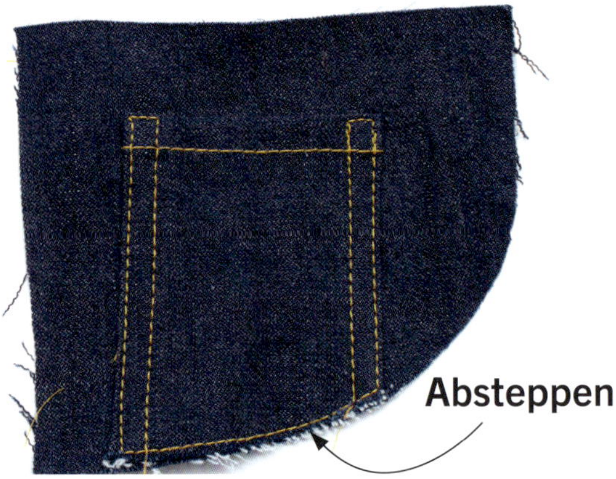

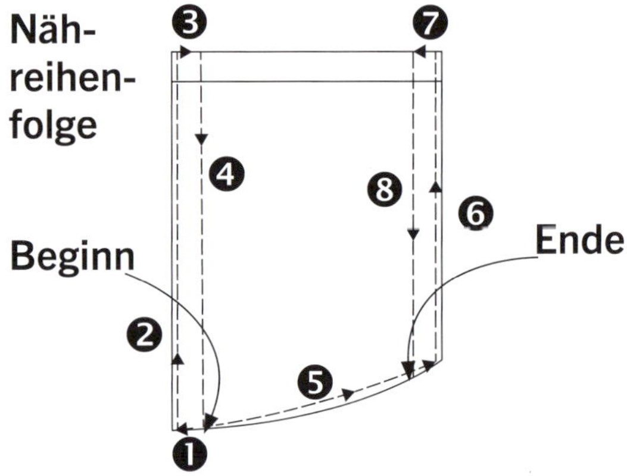

4 **Münztasche absteppen.** Topstitchnadel einsetzen und Münztasche mit einer durchgehenden Naht auf den Besatz nähen. An der unteren Ecke (1) beginnen und die linke Außenkante entlang nach oben nähen. Nahtrichtung ändern (3) und parallel wieder nach unten nähen (4). Teil drehen und entlang der Unterkante festnähen (5). An der Ecke drehen und die rechte Außenkante entlang nach oben nähen (6), erneut die Nahtrichtung ändern und parallel nach unten nähen (8). Zum Schluss das Teil noch einmal drehen und das Nahtende mit einigen überlappenden Stichen sichern.

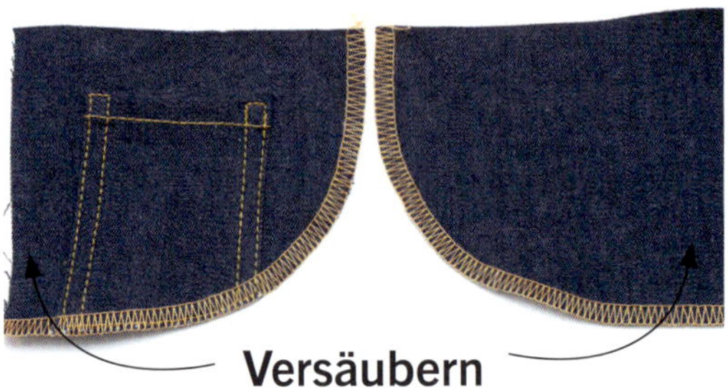

5 **Gerundete Besatzkanten versäubern.** Mit Zickzackstich oder 3-Faden-Overlockstich versäubern.

6 **Besatz auf Taschenbeutel legen.** Der Besatz mit Münztasche liegt auf dem rechten Taschenbeutel, der andere Besatz auf dem linken.

7 **Besatz mit einem Geradstich entlang der versäuberten Kante festnähen.**

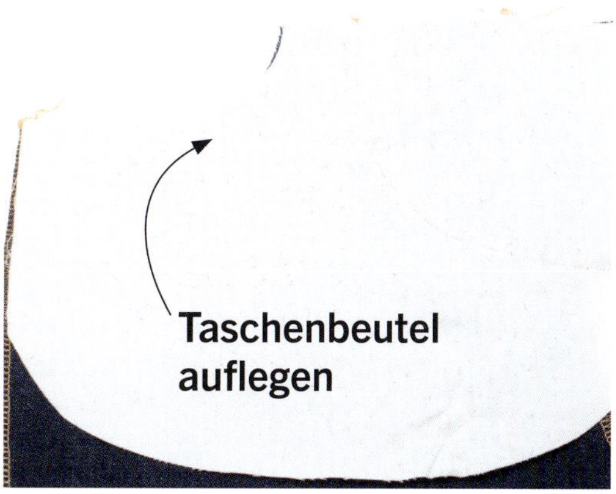

8 **Taschenbeutel an das vordere Hosenteil nähen.** Beutel rechts auf rechts auf die Eingriffkante legen. Vor dem Nähen Tasche falten, um zu prüfen, ob Besatz auf der richtigen Seite liegt.

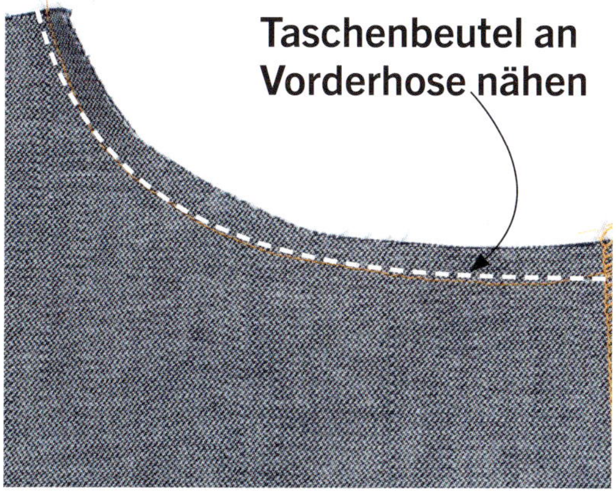

9 **Knappkantig steppen.** Mit einer schmalen Naht liegt die Eingriffkante später schön flach.

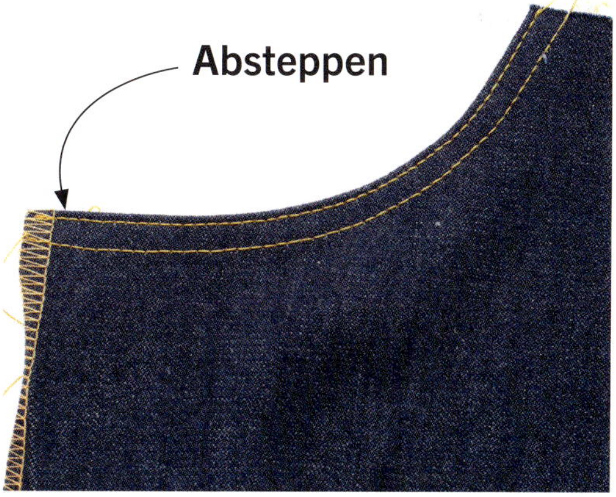

10 **Wenden und absteppen.** Oberstoff an der Eingriffkante etwas nach innen ziehen, damit man später den Taschenbeutel von außen nicht sieht. Eingriffkante absteppen, erste Reihe knappkantig steppen, dann zweite Reihe nähen. Details siehe *Tascheneingriff absteppen* auf Seite 72.

11 **Französische Naht an der Unterkante des Taschenbeutels vorbereiten.** Taschenbeutel mittig links auf links falten. Erste Naht auf der Seite mit dem Taschenbesatz nähen.

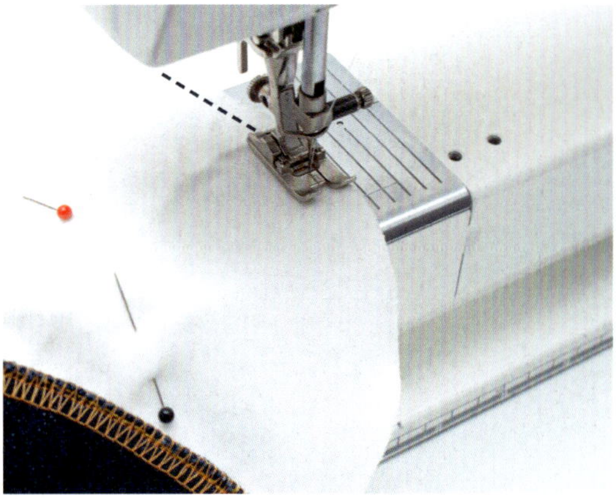

12 **Erste Naht nähen.** Auf der rechten Stoffseite mit einer Zugabe von max. 6 mm nähen.

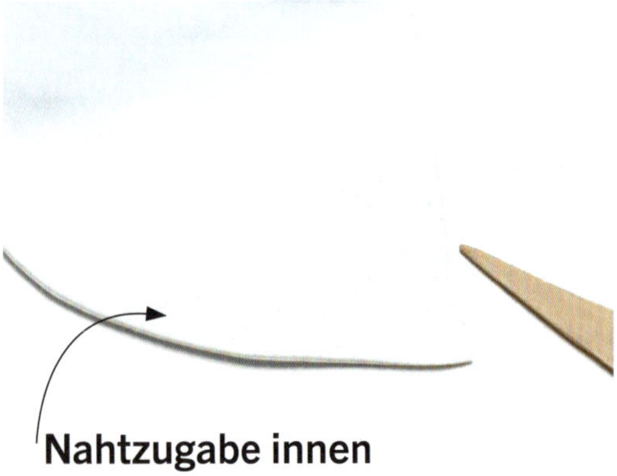

13 **Taschenbeutel wenden.** Rechte Stoffseite liegt innen, linke außen. Ecke mit einem Kantenformer (siehe Abb.) herausdrücken.

14 **Nahtzugabe mit der zweiten Naht einschließen.** Unmittelbar neben der Stoffkante der ersten Naht nähen, damit die Nahtzugabe eingeschlossen wird. Die zweite Naht sollte idealerweise schmaler als 10 mm sein, aber achten Sie darauf, dass sie die innen liegende Nahtzugabe einschließt.

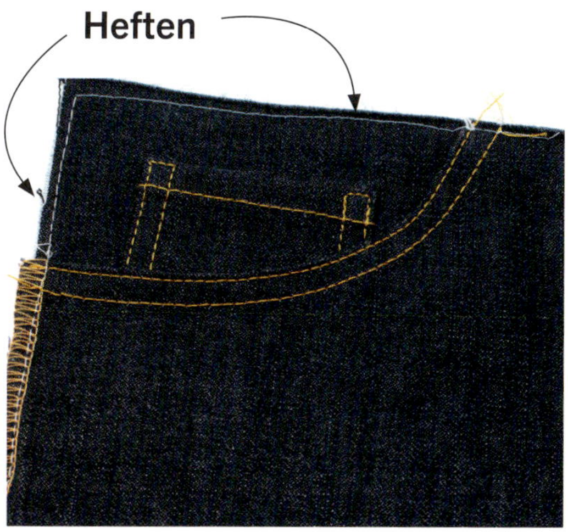

15 **Kanten heften.** Obere und seitliche Kante mit der Maschine heften. Die Teile verschieben sich dann später beim Zusammennähen nicht.

16 **Innenseite der Tasche.** Die französische Naht ergibt absolut saubere Kanten, weil die Nahtzugabe eingeschlossen ist.

REISSVERSCHLUSS PROFESSIONELL EINSETZEN

Diese Methode orientiert sich an der Bekleidungsindustrie. Man braucht dazu einen separaten Schlitzbesatz. Nicht bei allen Schnittmustern ist der Besatz dabei, aber Sie können unser Schnittteil herunterladen (siehe S. 184). Wenn Ihr Schnittmuster einen angeschnittenen Besatz hat, können Sie auch nach der auf S. 91 beschriebenen Methode *Reißverschluss mit angeschnittenem Besatz* arbeiten.

ZUBEHÖR

- Jeans-Reißverschluss
- Markierstift (optional)
- Steppschablone (optional)
- Schmaler Reißverschlussfuß
- Nähfuß mit Kantenführung (optional)
- Jeans- oder Topstitchnadel
- Nähgarn und Handnähnadel
- Schere

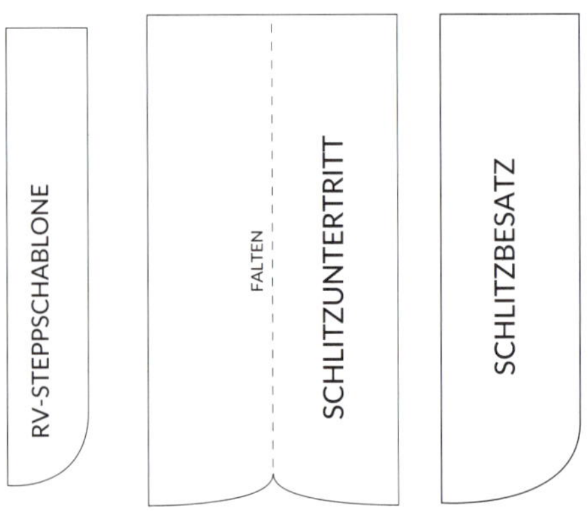

Schnittteile und Schablone

Der Schlitzbesatz wird an das linke vordere Hosenteil genäht (wie bei der traditionellen Jeans-RV-Technik).

Sie brauchen auch ein Schnittmuster für den Schlitzuntertritt sowie eine Steppschablone, um den Reißverschlussbereich leichter und genauer absteppen zu können. Alle Teile finden Sie in den Schnittvorlagen zum Herunterladen (mehr dazu auf S. 188).

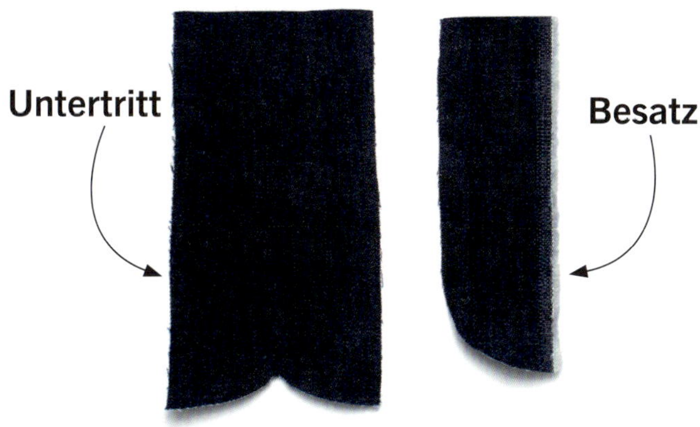

1 **Besatz und Untertritt zuschneiden.**

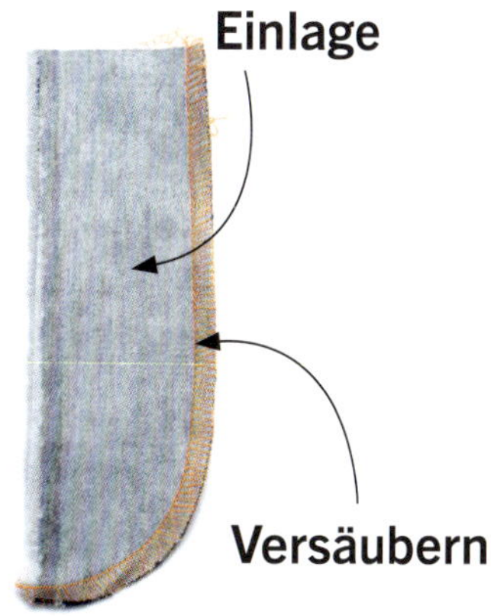

2 **Besatz mit Einlage verstärken, dann gerundete Kante versäubern.**

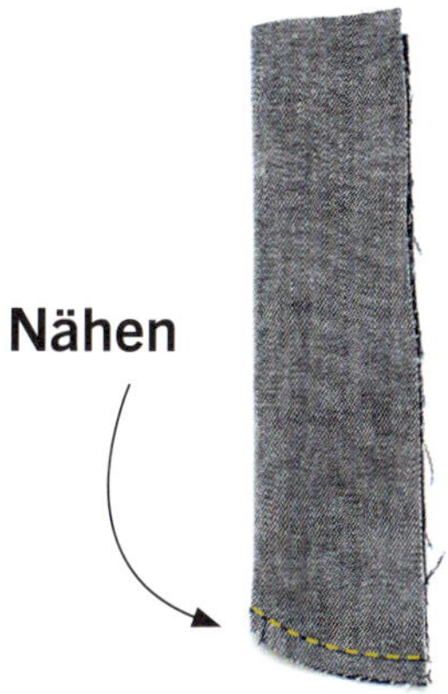

3 **Untertritt nähen.** Teil rechts auf rechts falten, an der unteren Schmalkante zunähen. Die Seitennaht muss nicht geschlossen werden, das würde nur zu unnötig viel Volumen führen.

4 **Untertritt wenden und bügeln.** Ecke mit einem Kantenformer herausdrücken. Nach dem Bügeln die offene Kante versäubern.

5 **Besatz an den Schlitz nähen.** Besatz am linken vorderen Hosenteil rechts auf rechts an die Schlitzkante legen. Mit einem Geradstich ca. 10 mm neben der Kante nähen.

6 **Naht bügeln.** Naht zuerst auseinanderbügeln, dann Besatz nach innen falten und Naht flach bügeln.

7 **Kante absteppen.** Von unten nach oben im Abstand von ca. 3 mm zur Kante absteppen.

8 **Reißverschluss auf den Besatz legen.** RV mit der Vorderseite nach unten auflegen und an der Schlitzkante ausrichten.

9 **Reißverschluss festnähen.** Besatz aufklappen, RV an der äußeren Bandseite am Besatz festnähen.

10 **Stepplinie markieren.** Rundung endet mindestens 10 mm unter dem Reißverschluss, damit die Nadel beim Steppen nicht beschädigt wird. Für die Markierung eine Schablone verwenden (siehe S. 95).

11 **Loses RV-Ende nach oben umklappen.** Mit Heftstichen fixieren, damit es beim Absteppen nicht erfasst wird. Das ist wichtig für das spätere Annähen des Untertritts.

12 **Schlitzbereich absteppen.** Von oben her bis ganz nach unten steppen.

13 **Drehen und zweite Naht steppen.** Am ersten Endpunkt Nadel im Stoff lassen, Nähfuß anheben, Stoffteil um 90° drehen, ca. 6 mm nach oben nähen, Stoffteil erneut drehen und zweite Absteppreihe nähen. Die Steppnaht sollte durchgehend verlaufen.

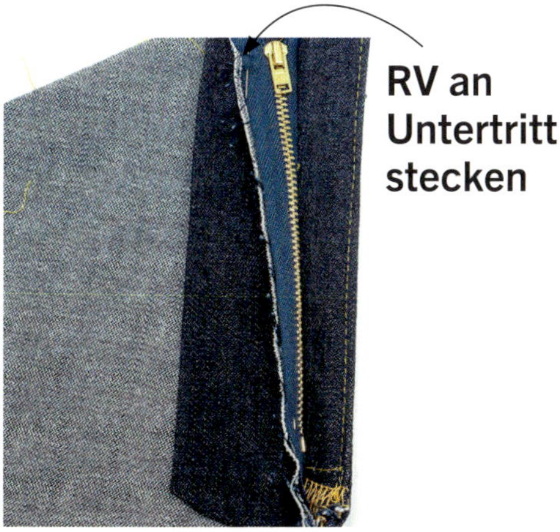

14 **Untertritt an den Reißverschluss nähen.** Loses RV-Band so an den Untertritt stecken, dass es parallel zur Außenkante des Untertritts liegt.

15 **Entlang der Kante des RV-Bands festnähen.** Auf der Außenseite des Reißverschlusses von unten nach oben festnähen.

16 **Rechte Schlitzkante markieren.** Schlitzkanten parallel ausrichten und rechte Schlitzkante dort markieren, wo der Besatz an der linken Kante beginnt.

17 **Nahtzugabe der rechten Schlitzkante nach innen falten und bügeln.**

18 **RV befestigen.** Faltkante mit wenigen Millimetern Abstand zu den Zähnchen auf das RV-Band legen.

19 **Entlang der Stoffkante steppen und den Reißverschluss festnähen.** Eine Heftnaht erleichtert das Nähen, ein Reißverschlussfuß verhindert, dass die Nadel auf die Zähnchen trifft. Ein breites RV-Band kann mit einem Standardnähfuß genäht werden.

20 **Linke Kante entlang der Mittelnaht umklappen.** So lässt sich die Naht leicht schließen.

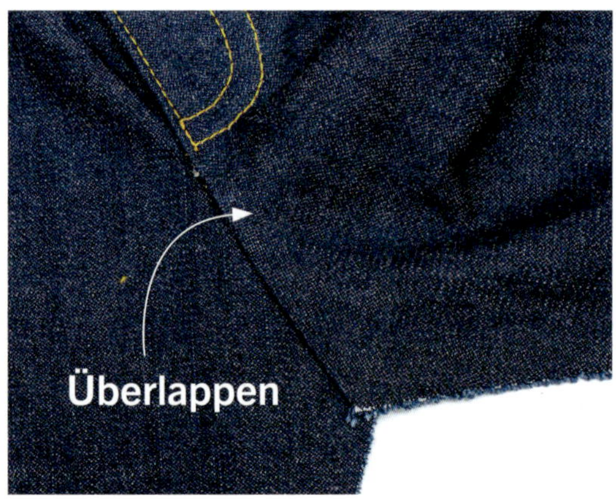

21 **Linkes Teil auf das rechte legen.** Kanten der Nahtzugaben liegen parallel.

22 **Vordere Mittelnaht steppen.** Von unten her die erste Naht nähen, dabei etwas über den Anfang der Steppnaht am Schlitz hinausnähen.

23 **Stoff drehen.** Nadel bleibt im Stoff, Nähfuß anheben, Stoff um 90° drehen, dann ca. 6 mm nähen.

24 **Erneut drehen und zweite Naht nähen.** Die Kante des Nähfußes dient zur Ausrichtung der zweiten Naht. Die gesamte Steppnaht sollte durchgängig genäht werden.

25 **Fertige vordere Mittelnaht.** Sie überlappt die RV-Absteppung, könnte aber auch noch weiter nach oben reichen.

26 Fertig eingesetzter Reißverschluss. Riegel sind überflüssig, weil das untere Reißverschlussende durch überlappende Steppnähte gesichert ist. Wenn Sie Riegel hinzufügen möchten, finden Sie die Beschreibung auf Seite 62/63 unter *Riegel nähen*.

REISSVERSCHLUSS LINKS ODER RECHTS?

Unsere Tutorials zeigen, wie man Reißverschlüsse und Knopfleisten so einsetzt, dass sie sich von der rechten Seite aus öffnen lassen. So wurden die traditionellen Jeans hergestellt, doch Sie haben sicher schon bemerkt, dass man manche Hosenverschlüsse von links öffnet.

Das hat einen geschichtlichen Hintergrund: Als Knopfverschlüsse aufkamen, wurden die Öffnungen bei Herrenkleidung nach rechts ausgerichtet, bei Damenkleidung hingegen nach links. Das kam daher, dass Damen aus höheren Kreisen Zofen hatten, die ihnen beim Zuknöpfen halfen, während Männer sich eigenhändig ankleideten. Um den Bediensteten die Arbeit zu erleichtern, wurden die Öffnungen bei Damenkleidung deshalb spiegelbildlich angebracht. Aus unerfindlichen Gründen hat sich diese Praxis bis heute gehalten, sodass viele Kleidungsstücke für Damen von links aus zu schließen sind.

Im Prinzip ist alles eine Frage der persönlichen Vorliebe. Wenn Sie den Reißverschluss von links aus öffnen möchten, können Sie den Tutorials in diesem Buch trotzdem folgen, sie müssen nur die Begriffe rechts und links vertauschen.

REISSVERSCHLUSS MIT ANGESCHNITTENEM SCHLITZBESATZ

Es erfordert einige Arbeitsschritte und ein paar präzise Steppnähte, um einen Reißverschluss in eine Jeans einzunähen, aber man braucht davor keine Angst zu haben. Dieses Tutorial zeigt die Technik für eine Jeans mit angeschnittenem Besatz. Es ist eine Mischung aus Industrietechnik und handwerklicher Technik.

ZUBEHÖR

- Jeans-Reißverschluss
- Papierschablone
- Markierstift (optional)
- Schmaler Reißverschlussfuß
- Nähfuß mit Kantenführung (optional)
- Jeans- oder Topstitchnadel
- Nähgarn und Handnähnadel
- Schere

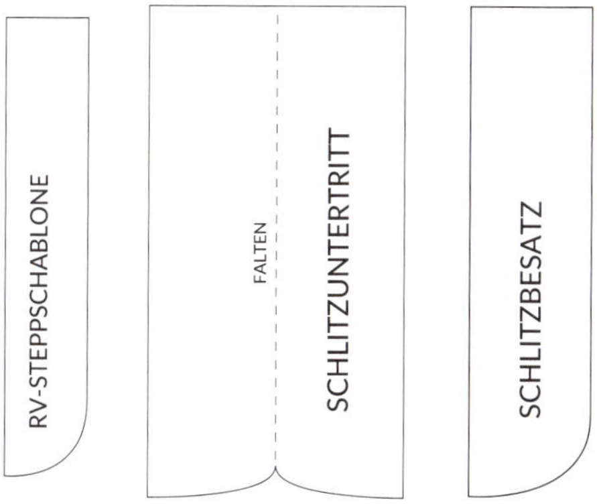

Schnittteile und Schablone

Der Hosenschlitz hat einen angeschnittenen Besatz oder der Schlitzbesatz wird separat ausgeschnitten und an das linke vordere Hosenteil genäht (wie bei der traditionellen Jeans-RV-Technik).

Sie brauchen auch ein Schnittmuster für den Schlitzuntertritt sowie eine Steppschablone, um den Reißverschlussbereich präzise absteppen zu können. Alle Teile finden Sie in den Schnittvorlagen, die Sie kostenlos herunterladen können (mehr dazu auf S. 184).

1 **Vordere Hosenteile mit angeschnittenem Besatz ausschneiden.** Der Besatz wird später an einer Seite zurückgeschnitten.

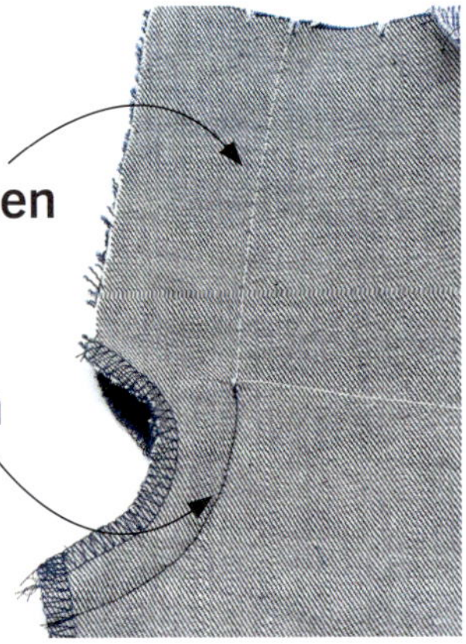

2 **Vordere Mittelnaht nähen.** Beide Teile an der Mittelnaht bis zur Markierung zusammennähen (blauer Faden). Restliche Naht heften (weißer Faden).

3 **Rechten Besatz zurückschneiden.** So viel abschneiden, dass nur noch 12 mm stehen bleiben. Kanten versäubern, falls noch nicht geschehen.

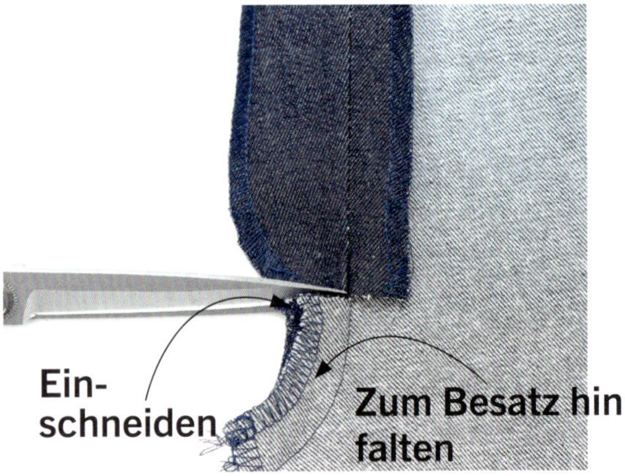

4 **Nahtzugabe einschneiden.** Direkt unter dem Besatz einschneiden. Der linke Besatz liegt flach auf, die Zugabe der Mittelnaht liegt links.

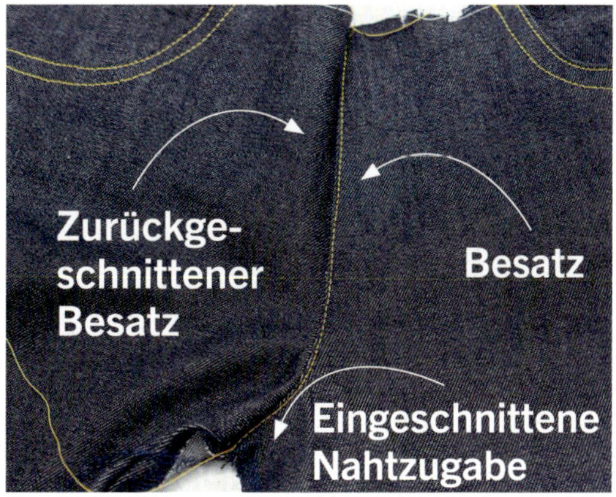

5 **Vordere Mittelnaht absteppen.** Nahtzugabe zur rechten Seite drücken (rechte Stoffseite zeigt nach oben). Knappkantig absteppen. Ein spezieller Kantenfuß erleichtert das Nähen.

6 **Reißverschluss an der zurückgeschnittenen Besatzkante festnähen.** RV mit der Vorderseite nach unten auf den rechten Besatz legen. Einen schmalen Reißverschlussfuß einsetzen und knapp neben den Zähnchen feststeppen.

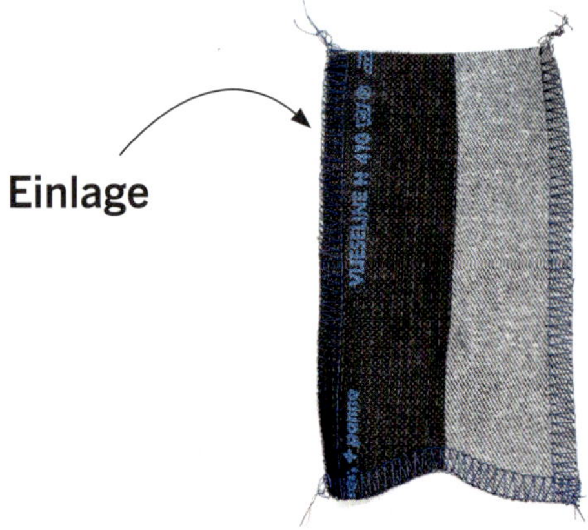

7 **Untertritt mit Einlage verstärken.** Bügeleinlage auf eine Hälfte des Untertritts bügeln. Einlage sollte knapp über die Falte reichen. Alle Kanten versäubern.

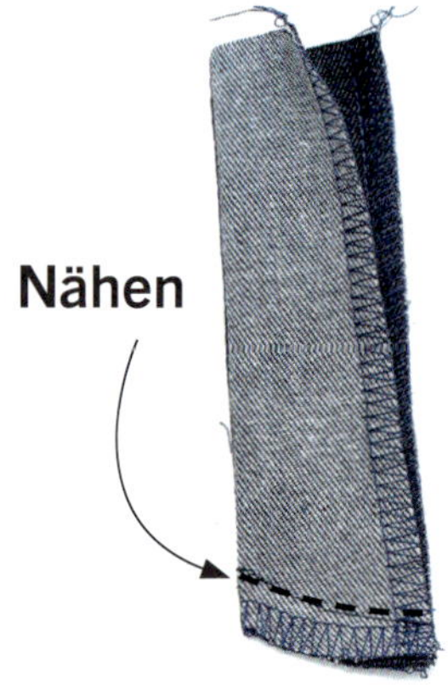

8 **Rechts auf rechts falten, an der unteren Schmalkante zunähen.** Die Seitennaht muss nicht geschlossen werden, das würde nur zu unnötig viel Volumen führen. Die offene Kante ist Industriestandard.

9 **Wenden und bügeln.** Ecke mit einem Kantenformer herausdrücken.

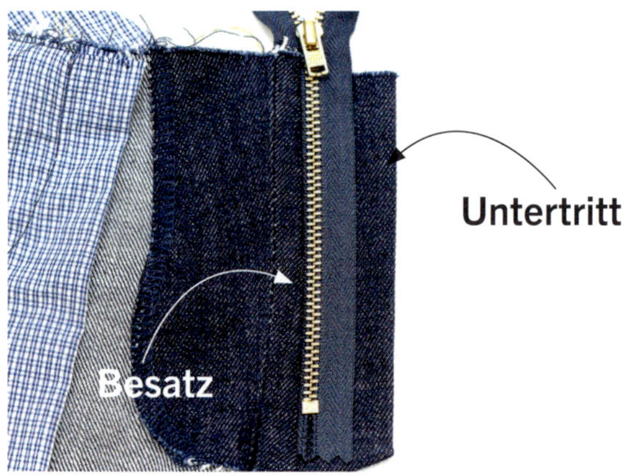

10 **Untertritt unter den Besatz und den Reißverschluss schieben.** Innenkante des Untertritts an der Nahtzugabe des zurückgeschnittenen Besatzes ausrichten.

11 Untertritt am Reißverschluss festnähen. Knappkantig auf der linken RV-Seite über den Untertritt, den Reißverschluss und den zurückgeschnittenen Besatz nähen.

12 Stepplinie für den RV-Bereich markieren.
OPTION 1: Schablone auflegen, Kontur mit Markierstift oder Schneiderkreise übertragen.
OPTION 2: Schablone auflegen, Kontur direkt an der Schablone steppen. Diese professionelle Technik ist schneller, aber genauso präzise wie das Steppen auf einer Markierung. Die Schablone kann mit wieder ablösbaren Klebepunkten fixiert werden.

13 **Untertritt nach rechts aufklappen und feststecken.** Vor dem Absteppen muss der Untertritt weggeklappt werden, damit er beim Nähen nicht mitgefasst wird, denn dann ließe sich der Reißverschluss später nicht mehr öffnen.

14 **Außenkontur absteppen.** Oben ansetzen und bis zum Ende der Rundung nähen. Darauf achten, dass der Untertritt zuvor weggeklappt wurde und nicht mitgefasst wird.

15 **Erste Naht.** Die erste Konturnaht endet an der Mittelnaht. Wenn die Parallelnaht fertig ist, werden beide Nähte mit einem Riegel gesichert.

16 **Zweite Naht.** Diese Naht verläuft parallel zur ersten. Eine Markierung auf dem Nähfuß auf die erste Naht ausrichten, dann die zweite Naht genau parallel nähen.

17 **Heftfaden entfernen.**

18 **Untertritt nach links umklappen.** Der Untertritt wird in dieser Position fixiert, wenn der Riegel genäht wird.

19 **Riegel nähen.** Ausgehend von der Mittelnaht mit einem kurzen, engen Zickzackstich über die Steppnähte nähen. Der Riegel sichert die Nahtenden und fixiert gleichzeitig den Untertritt. Mehr dazu auf Seite 62/63 bei R*iegel nähen*.

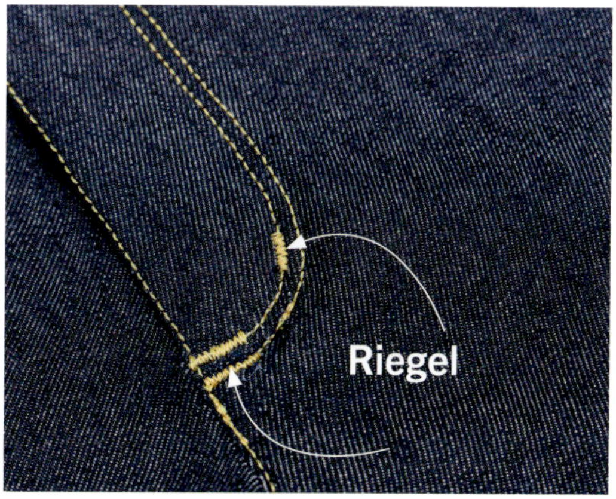

20 **Fertig eingesetzter Reißverschluss.**

KNOPFLEISTEN-VERSCHLUSS

Die ersten Jeans hatten einen Knopfleistenverschluss und auch heute ist diese Verschlussform noch beliebt. Ein solcher Verschluss sieht zwar kompliziert aus, ist aber gerade für Anfänger leichter zu bewerkstelligen als das Einsetzen eines Reißverschlusses.

Ein Knopfleistenverschluss eignet sich für locker sitzende Jeans. Bei Skinny-Modellen kann es sein, dass die Knopflöcher durch den engen Sitz aufklaffen.

ZUBEHÖR

- Leichter Einlagestoff
- Markierstift
- Jeans- oder Topstitchnadel
- Topstitch- und Standardnähgarn
- Schere
- Knöpfe

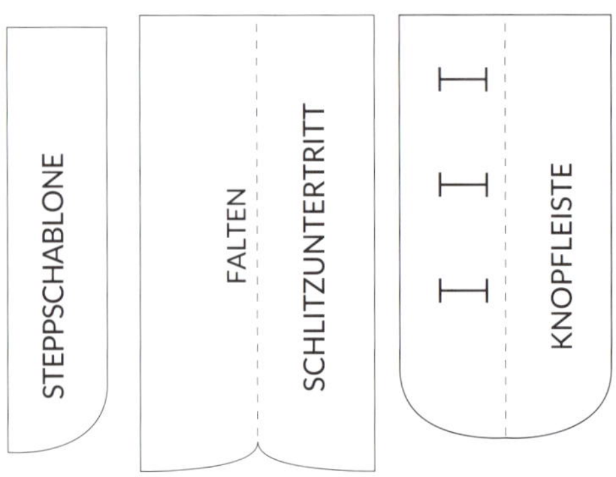

Schnittteile und Schablone

Für einen Knopfleistenverschluss brauchen Sie ein Schnittmuster für den Schlitzuntertritt und für die Knopfleiste. Die Steppschablone ist optional, erleichtert aber das Markieren der Stepplinien. Alle Teile finden Sie in den Schnittvorlagen (mehr dazu auf S. 184).

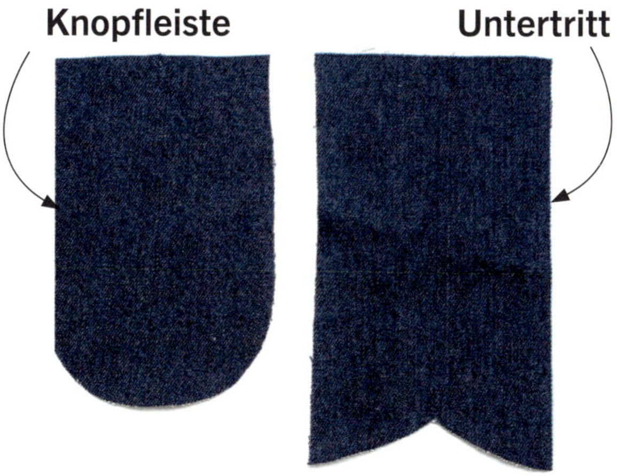

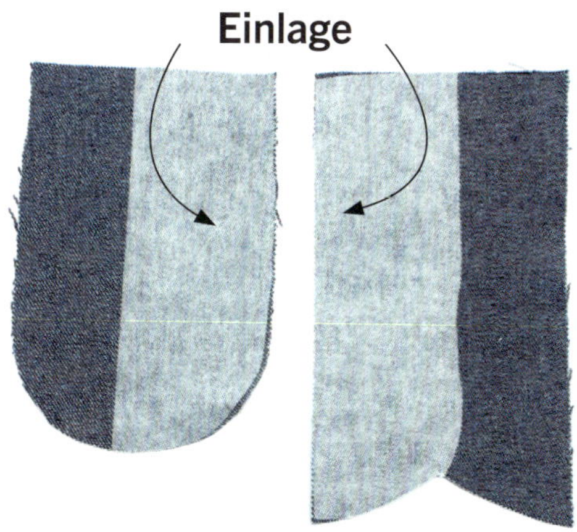

1 **Knopfleiste und Untertritt zuschneiden.** Wenn Ihr Jeansschnitt diese Teile nicht beinhaltet, laden Sie die Teile bei uns herunter (siehe S. 184) und justieren die Länge.

2 **Bügeleinlage auf beide Teile bügeln.** Bei leichtem und/oder dehnbarem Denim wird die körpernahe Seite verstärkt. Die Kante der Einlage überlappt die Mitte ein wenig, um eine akkurate Falte zu erhalten.

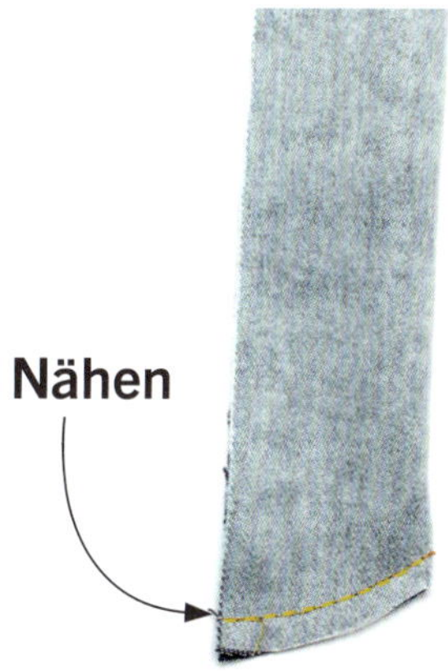

3 **Untertritt nähen.** Teil rechts auf rechts falten, an der unteren Schmalkante zunähen. Die Seitenkante bleibt offen. Wenden und Ecke mit einem Kantenformer herausdrücken.

4 **Untertritt und Knopfleiste bügeln.** Teile liegen links auf links, Schauseite ist außen.

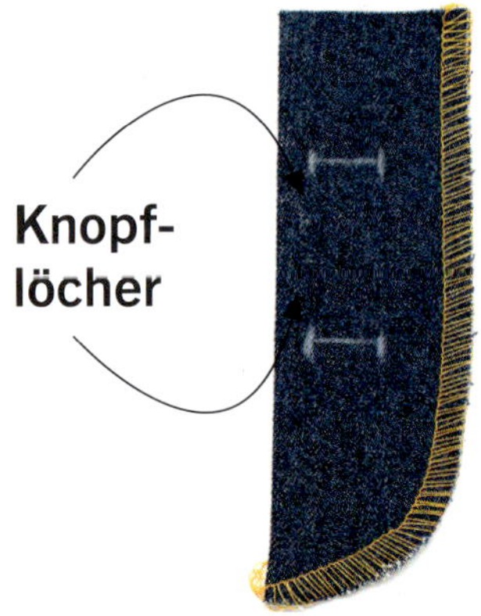

5 **Kanten versäubern.** Mit einem Overlock- oder Zickzackstich die offenen Kanten beider Teile versäubern. Die schmalen oberen Kanten bleiben unversäubert, weil sie später im Bund verschwinden.

6 **Knopflöcher markieren.** Zwei bis vier Knopflöcher einzeichnen. Das oberste liegt 20–25 mm unter der oberen Nahtzugabe, das unterste ca. 60 mm über dem unteren Ende der Knopfleiste. Knöpfe gleichmäßig verteilen. Knopflöcher enden 6–10 mm vor der Faltkante.

7 **Knopflöcher nähen.** Weitere Details unter *Knopflöcher nähen* auf Seite 161–163.

8 **Unter der Knopfleiste einschneiden.** Knopfleiste auf das linke vordere Hosenteil legen und an der Schlitzkante ausrichten. Unterhalb der Leiste 6 mm tief einschneiden. Der Schnitt ist halb so breit wie die Nahtzugabe.

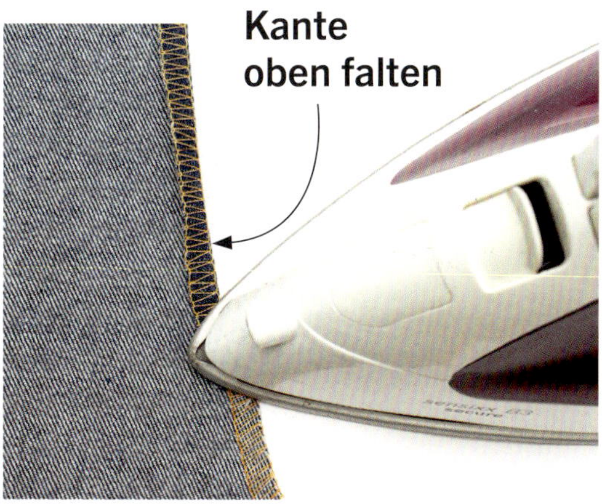

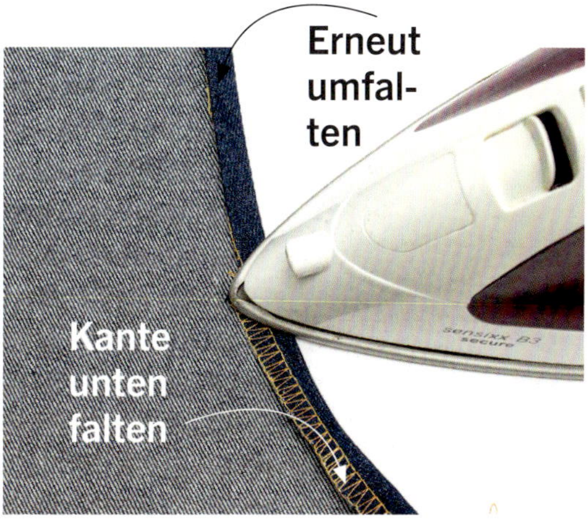

9 **Oberen Teil der Kante nach innen klappen.** Kante am linken vorderen Hosenteil so breit wie eben eingeschnitten nach innen klappen.

10 **Erneut falten und bügeln.** Dieses Mal die gesamte Kante nach innen falten, sodass der obere Teil doppelt gefaltet ist und der untere Teil, unterhalb des Einschnitts, einfach.

11 **Schlitzkante absteppen.** Mit Topstitchgarn als Oberfaden und einem Standardnähgarn als Unterfaden die Kante längs absteppen.

12 **Am linken Hosenteil die Steppkontur markieren.** Vor dem nächsten Schritt die Knopfleiste über die Markierung legen, um sicherzugehen, dass die Steppnaht die Außenkante der Knopfleiste auch mitfasst (sehr wichtig).

13 **Knopfleiste auf die linke Stoffseite legen.** Die Kante der Knopfleiste liegt etwas innen, sodass zwischen der abgesteppten Schlitzkante und der Knopfleistenkante ca. 5 mm liegen.

14 **Knopfleiste feststeppen.** Zuerst die Kontur steppen und darauf achten, dass die darunterliegende Knopfleiste mitgefasst wird.

15 **Am Nahtende drehen.** Nadel steckt im Stoff, Nähfuß anheben, Stoff um 90° drehen, ca. 5 mm nach oben nähen.

16 **Erneut drehen, zweite Steppnaht nähen.** Kante des Nähfußes an der ersten Stepplinie ausrichten und die zweite Naht parallel nähen.

17 **Untertritt festnähen.** Untertritt auf die rechte Stoffseite des rechten Vorderteils legen und an der Kante festnähen. Die Naht ist etwas schmaler als die Nahtzugabe.

18 **Untertritt umfalten und bügeln.**

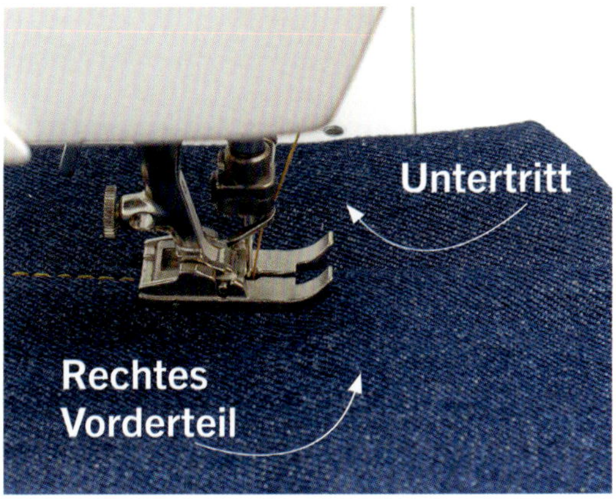

19 **Untertritt knappkantig absteppen.** Topstitchgarn einfädeln und Untertritt knapp neben der Kante steppen.

20 **Nahtzugabe der Mittelnaht nach innen falten und bügeln.**

21 **Knopfleiste am Untertritt ausrichten.** Die Seite mit der Knopfleiste (linkes Vorderteil) auf den Untertritt legen (rechtes Vorderteil). Die Kante des linken Teiles sollte etwas über der Stepplinie auf dem Untertritt liegen, aber nur minimal, idealerweise weniger als 5 mm. Alle Lagen zusammenstecken.

22 **Linkes Vorderteil auf das rechte legen.** Die Mittelnaht wird nicht wie eine reguläre Naht geschlossen, sondern von der rechten Stoffseite aus abgesteppt.

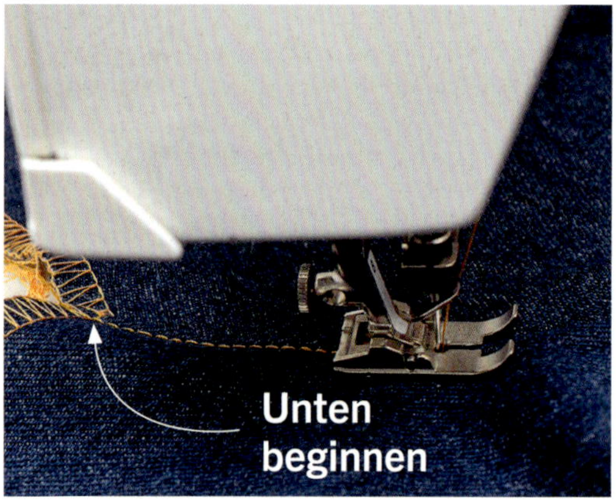

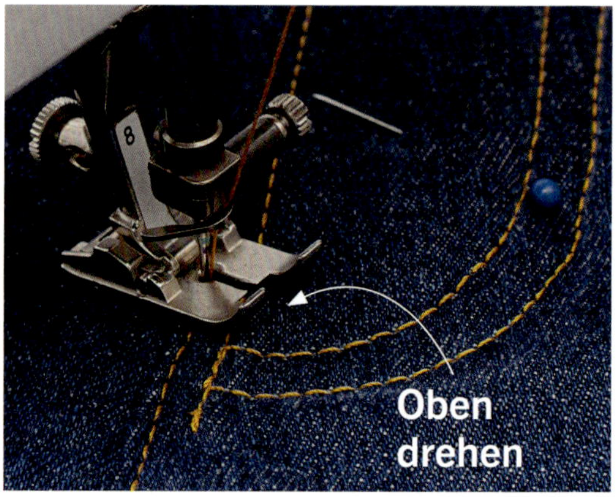

23 **Mittelnaht absteppen.** An der Unterkante beginnen und die erste Steppnaht knappkantig nähen, bis die Naht die Schlitzsteppung leicht überlappt.

24 **Stoff drehen.** Sobald die Unterkante der Knopfleiste übernäht ist, den Stoff drehen und waagrecht oder schräg ca. 6 mm nähen.

25 **Stoff drehen und zweite Naht steppen.** Nähfuß an der ersten Nahtlinie ausrichten und die zweite Naht genau parallel nähen. Die gesamte Steppnaht sollte durchgängig genäht werden.

26 **Naht mit Riegel verstärken.** Einen engen, kurzen Zickzackstich einstellen und direkt über der Rundung, wo Untertritt und Knopfleiste übereinander liegen, einen Riegel nähen. Weitere Details unter *Riegel nähen* auf Seite 62/63.

27 **Knöpfe am Untertritt befestigen.** Details zur Befestigung von Jeansknöpfen auf Seite 164–167.

28 **Fertiger Knopfleistenverschluss.** Dieser Verschluss braucht relativ viele Arbeitsschritte, ist aber auch für Anfänger nicht zu schwer.

GESÄSSTASCHEN

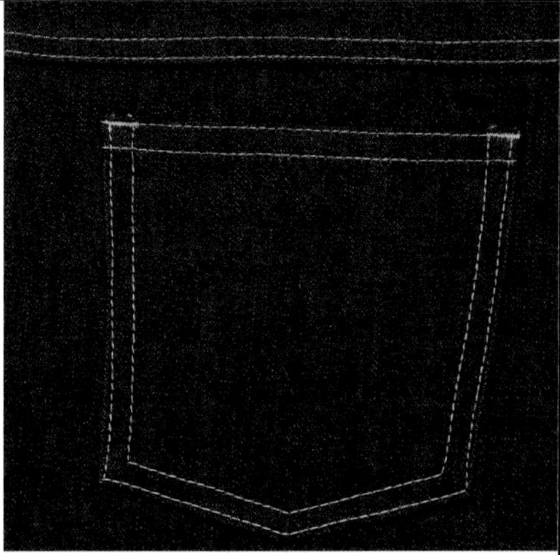

Mit etwas Vorbereitung und dem richtigen Zubehör sind Gesäßtaschen schnell genäht. Der Trick bei der Formgebung ist die Verwendung einer Bügelschablone. Damit erhält man schöne Taschen mit akkuraten Kanten.

Gesäßtaschen kann man vor oder nach dem Schließen der Passen- und Mittelnaht aufnähen. Letzteres empfiehlt sich, wenn man mit der Position der Taschen experimentieren möchte, denn das geht an der fast fertigen Hose leichter.

ZUBEHÖR

- Karton für die Bügelschablone
- Markierstift oder anderes Markierwerkzeug
- Topstitchgarn
- Kantenfuß
- Jeans- oder Topstitchnadeln

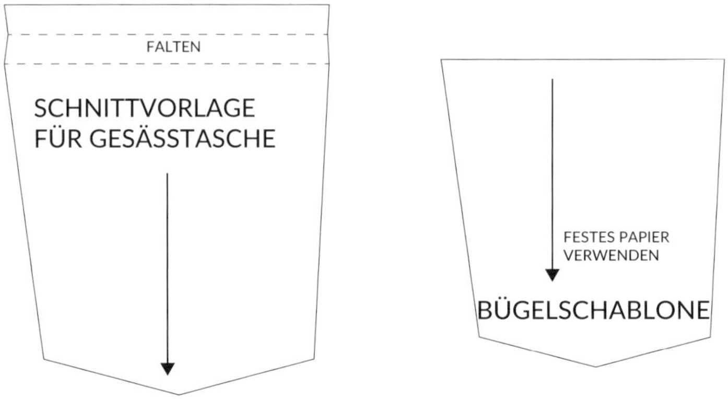

Schnittmuster für Gesäßtaschen

Die Gesäßtaschen sind in den Schnittvorlagen enthalten, die Sie herunterladen können (siehe S. 184). Sie bestehen jeweils aus zwei Teilen: der Vorlage für die Tasche und der Bügelschablone. Die Schablone hat dieselbe Form wie die Tasche, nur ohne Nahtzugaben. Verwenden Sie für die Bügelschablone sehr festes Papier oder einen stabilen Karton.

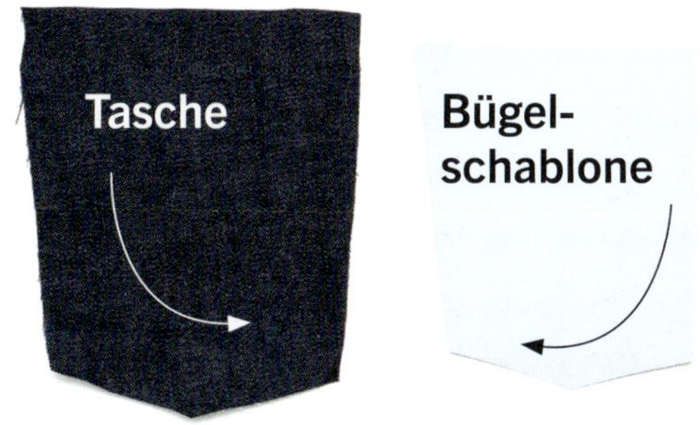

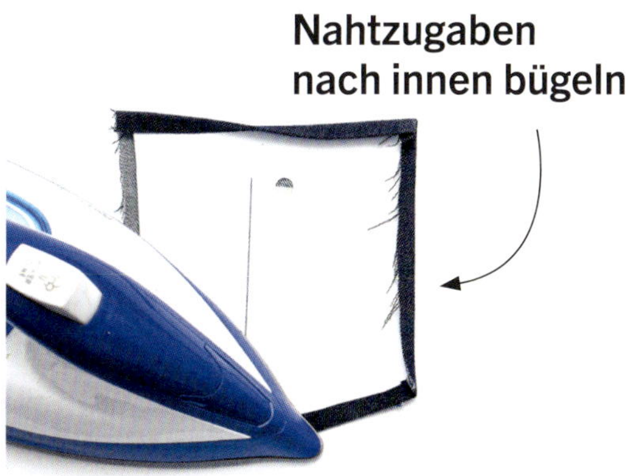

1 **Tasche und Schablone vorbereiten.** Bügelschablone ausschneiden, die Größe entspricht der fertigen Taschengröße. Die Taschenkanten bleiben unversäubert, die Steppnähte verhindern das Ausfransen.

2 **Taschen mit der Schablone formen.** Zuerst die Oberkante der Tasche falten und bügeln, dann erneut falten und bügeln. Anschließend die restlichen drei Kanten falten und bügeln, auf akkurate Ecken achten.

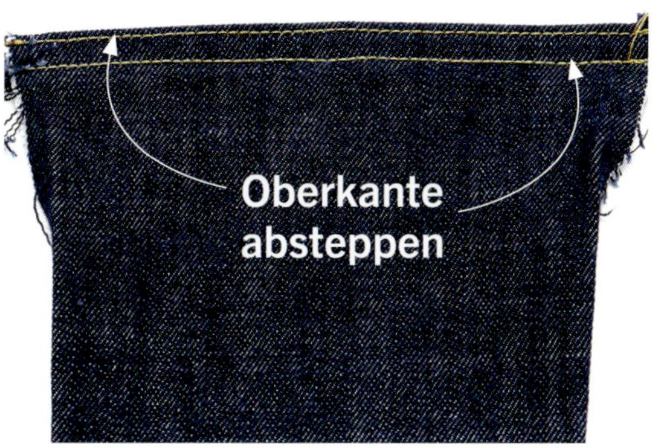

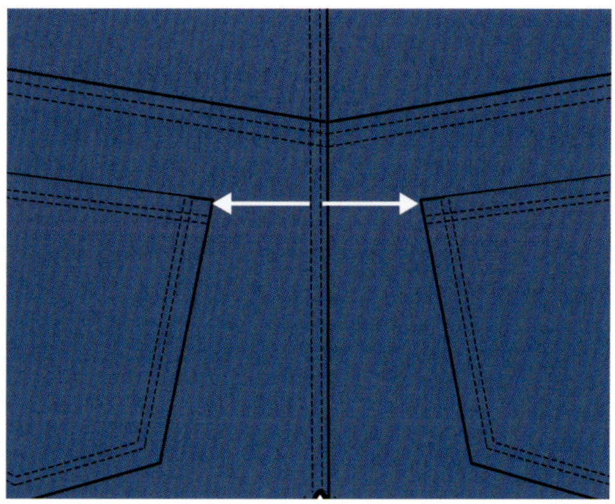

3 **Die Oberkante der Tasche absteppen.** Eine oder zwei Steppnähte nähen.

4 **Taschen positionieren.** Bei Jeans wird von der Stepplinie aus gemessen, nicht von der Nahtlinie aus. Der Abstand zu den beiden Taschenkanten sollte gleich sein. Experimentieren Sie und wählen Sie einen Abstand, der Ihnen gefällt. Weitere Details dazu unter *Position der Taschen* auf Seite 112/113.

5 **Taschen feststecken.** Messen Sie auf beiden Seiten auch den Abstand zwischen der Taschenoberkante und der Passennaht. Taschen mit wenigen Nadeln fixieren, damit sie beim Festnähen nicht im Weg sind.

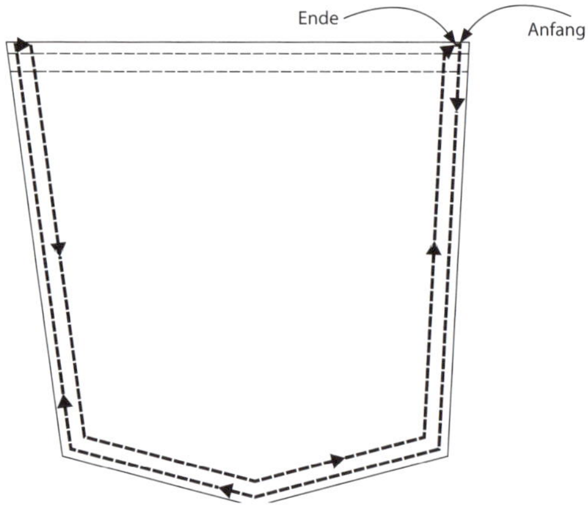

6 **Verlauf der Steppnaht.** Taschen werden mit einer durchgängigen Steppnaht befestigt, die dem Verlauf der Pfeile im Diagramm folgt.

7 **Außenkante feststeppen.** Tasche mit einer oder zwei Nadeln mittig fixieren, dann entlang der Kontur feststeppen. Die Naht beginnt mit der äußeren Nahtreihe, die parallel zu den Taschenkanten verläuft. Bis zur Oberkante an der anderen Taschenseite durchnähen.

8 **Zweite Nahtreihe nähen.** Stoff drehen, Kante des Nähfußes an der ersten Nahtreihe ausrichten und parallel dazu nähen. Die Naht endet mit einer kleinen Überlappung des Nahtanfangs. Eine reduzierte Stichlänge am Nahtende erspart Rückstiche.

9 **Fertig aufgesteppte Tasche.** Die oberen Taschenecken können durch Riegel (nächster Schritt) oder *Nieten* (S. 158) verstärkt werden.

10 **Riegel nähen.** Mit einem kurzen, engen Zickzackstich waagrecht oder schräg über die oberen Taschenecken nähen. Mehr Details zu *Riegel nähen* auf Seite 62. **TIPP:** Am Riegelanfang ein Stück gefalteten Stoff oder ein Ausgleichsplättchen verwenden, dann funktioniert der Stofftransport besser.

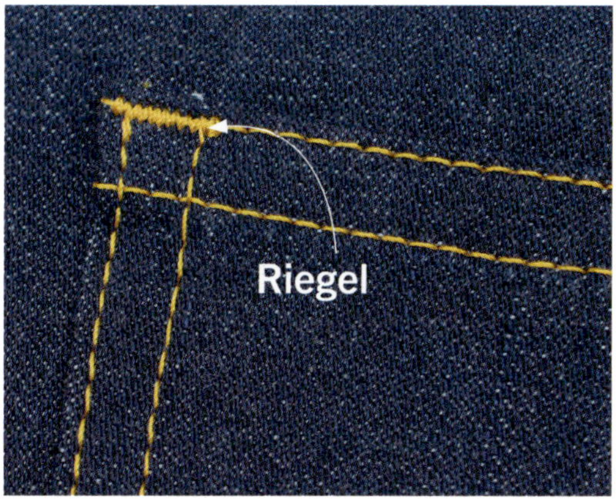

11 **Fertiger Riegel.** Es macht nichts, wenn der Riegel nicht ganz glatt aussieht. Vielen Jeansliebhabern gefällt das sogar sehr gut. Auf einer Haushaltsnähmaschine ist es manchmal gar nicht leicht, schöne Riegel zu nähen. Wenn die Lagen zu dick sind, hilft eine größere Stichlänge beim Stofftransport.

12 **Fertige Tasche.** Arbeiten Sie mit einer Bügelschablone und nähen Sie die Steppung in einem Durchgang, dann erhalten Sie eine perfekt geformte und sehr robuste Tasche.

POSITION DER TASCHEN

Position, Form und Stil der Gesäßtaschen haben einen großen Einfluss darauf, wie der Po in der Jeans wirkt. Hier sind einige Vorschläge für Ihren eigenen speziellen Look.

ERGEBNIS
RUNDER PO

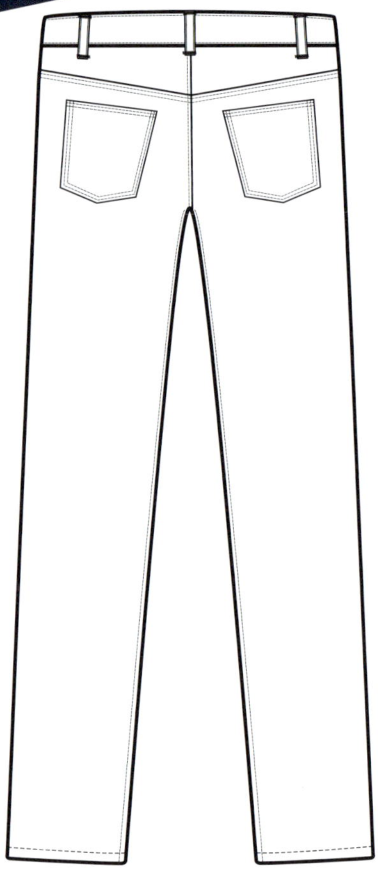

Nehmen Sie kleinere Taschen. Die Unterkanten liegen auf dem Po, oberhalb der Rundung, nicht darunter. Die inneren Taschenkanten sollten leicht schräg sein.

ERGEBNIS
KLEINER PO

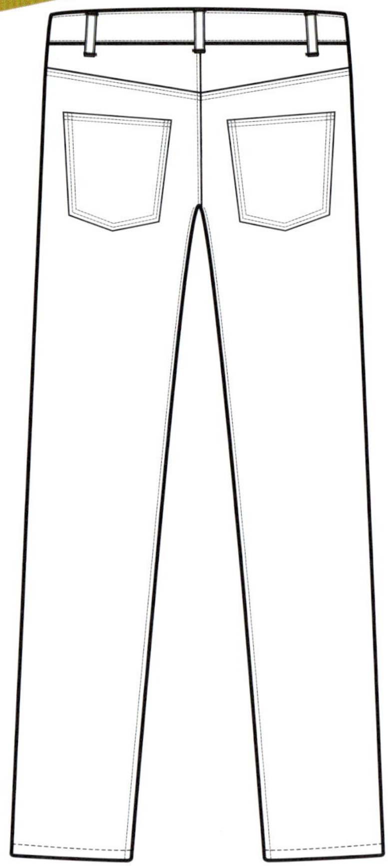

Wählen Sie einfache Taschen ohne Klappen und ohne große Verzierungen. Nehmen Sie etwas größere Taschen und setzen Sie sie tief an, sodass sie am Oberschenkel enden und nicht an der Rundung des Pos.

ERGEBNIS
FLACHER PO

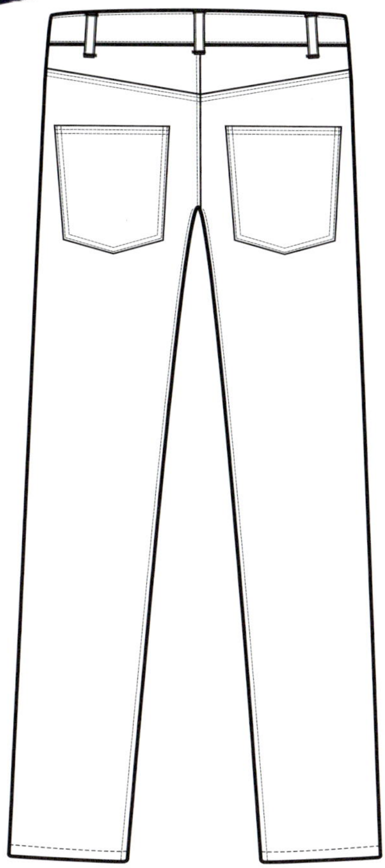

Wählen Sie große, gerade Taschen. Setzen Sie sie tief an, in der Mitte des Pos oder darunter, und lassen Sie sie weit nach unten reichen, sodass sie einen Teil des Oberschenkels bedecken.

TIPP: Allein tut man sich mit der Taschenposition schwer. Bitten Sie eine Freundin um Rat und Hilfe beim Feststecken der Taschen.

ERGEBNIS
SCHMALER PO

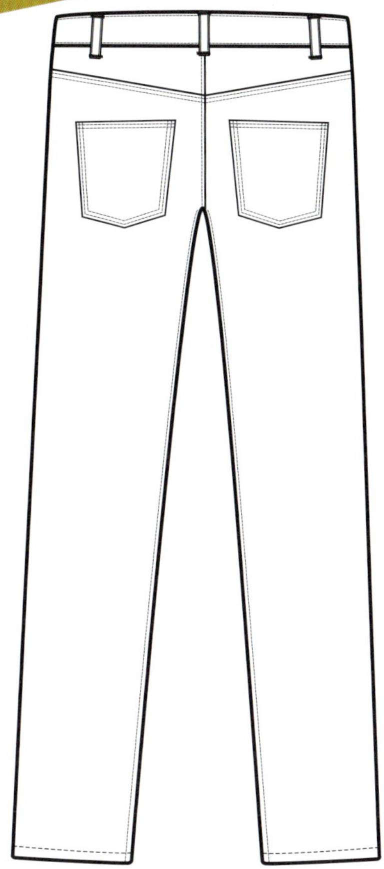

Um einen breiten Po etwas schmaler wirken zu lassen, positionieren Sie die Taschen etwas enger zusammen und direkt auf der Rundung des Pos. Wir empfehlen eine mittlere Taschengröße.

ZIERNÄHTE AUF GESÄSSTASCHEN

Bei vielen Markenjeans sind die typischen Ziernähte auf den Gesäßtaschen ganz charakteristisch. Traditionell wurden die Steppnähte auf einer 2-Nadel-Maschine genäht, damit die Nähte auch ganz parallel verliefen. Marken wie Levi's, Lee und Wrangler arbeiten noch heute so. Es gibt inzwischen aber auch viele Motive, die wie Freihandnähte aussehen, und auch die kann man auf Haushaltsnähmaschinen leicht imitieren.

GARNE UND STICHE

JEANSGARN

Topstitchgarn als Oberfaden und Standardnähgarn als Unterfaden. Stichlänge ca. 4–5 mm.

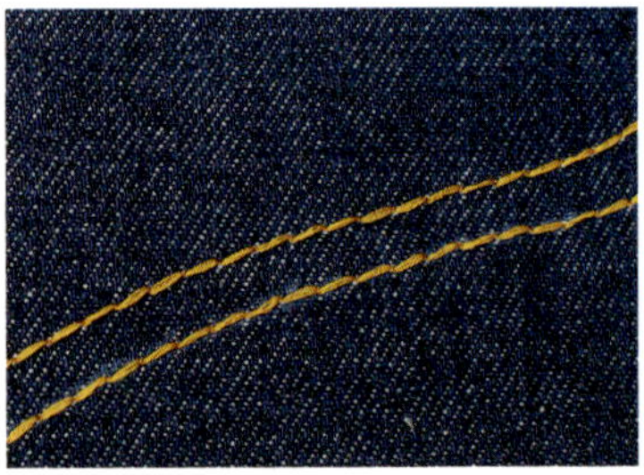

MEHRERE FÄDEN

Zwei bis drei Spulen mit Standardnähgarn auf dem Garnrollenhalter, Fäden wie üblich einlegen und durch das Nadelöhr fädeln.

TIPP: Verwenden Sie eine Topstitchnadel mit großem Nadelöhr.

DOPPELTE REIHEN

Eine zweite Naht mit einem Topstitchgarn direkt neben der ersten Naht ergibt einen leichten 3D-Effekt. Die Nahtreihen sollten möglichst parallel verlaufen.

FREIHANDNÄHTE

ZUBEHÖR

- Weißes Kopierpapier
- Kopierrädchen
- Nähvorlage auf Druckerpapier

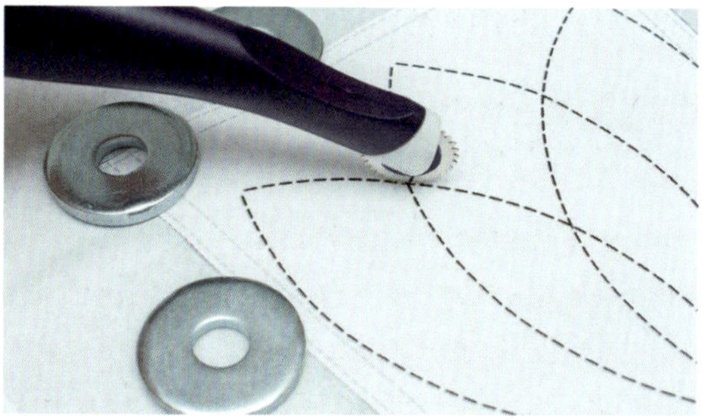

1 **Kopierpapier auf die rechte Taschenseite legen.** Motiv auflegen und mit dem Kopierrädchen nachzeichnen.

2 **Motiv nähen.** Langsam nähen, den Stoff mit den Händen vorsichtig führen. Beim Wechsel der Nahtrichtung die Nadel immer im Stoff stecken lassen.

3 **Nahtende sichern.** Dazu, je nach Motiv, Rückstiche nähen oder Nähte überlappen lassen. Alternativ bei den letzten paar Stichen die Stichlänge reduzieren.

4 **Fertiges Motiv.** Die Tasche erst bügeln, nachdem alle Markierungen mit einem feuchten Tuch entfernt wurden. Hitze würde die Linien fixieren. Danach die Stoffkanten nach innen falten und bügeln, wie auf Seite 109–111 *Gesäßtaschen* gezeigt.

PARALLELE NAHTREIHEN

ZUBEHÖR

- Motiv auf Druckerpapier
- Markierstift, Schneiderkreide oder Kreiderädchen

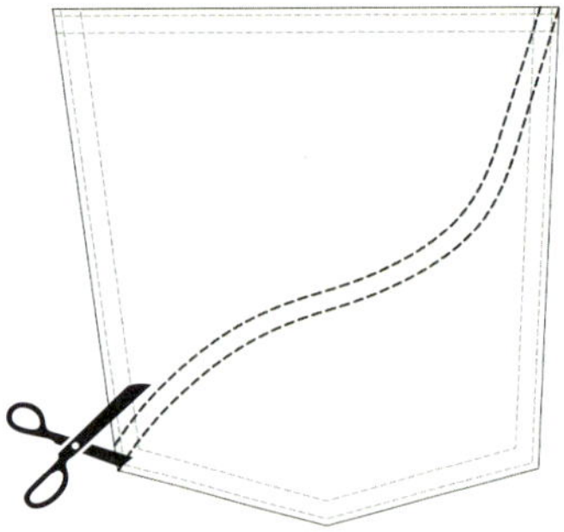

1 **Schablone vorbereiten.** Motiv entlang einer Nahtreihe ausschneiden. Die zweite Reihe muss nicht markiert werden, denn es wird parallel genäht.

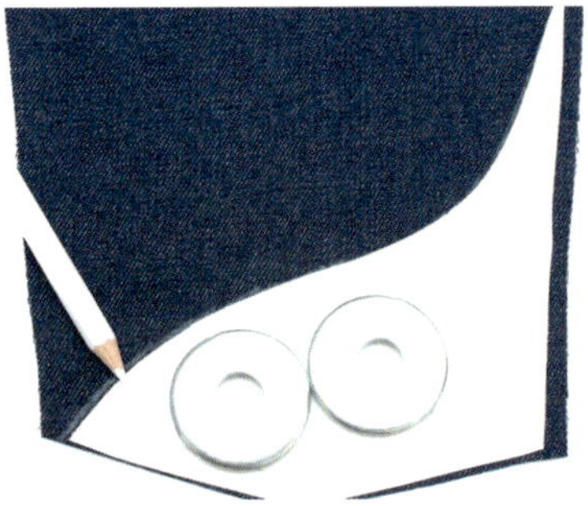

2 **Nahtreihe übertragen.** Schablone auf die rechte Seite der Tasche legen, Nahtverlauf mit dem Markierstift einzeichnen.

3 **Naht vorbereiten.** Ziernähte immer an der Stoffkante beginnen. Nadel steckt im Stoff, Fäden sind straff nach hinten gezogen. Nun die markierte Linie entlangnähen.

4 **Stoff drehen.** Die gesamte Ziernaht wird durchgängig genäht. Am Ende der ersten Nahtreihe die Nadel im Stoff stecken lassen, den Stoff drehen, ein paar Stiche nähen und erneut drehen.

5 **Zweite Nahtreihe nähen.** Kante des Nähfußes als Nahtführung nutzen und die zweite Reihe parallel nähen. Der Abstand beträgt ca. 6 mm.

6 **Naht sichern.** Am Ende der Naht den Stoff drehen, ein paar kurze Stiche nähen und den Nahtanfang übernähen. Mehr ist nicht nötig, denn die Kanten werden eingeschlagen und mit Steppnähten auf der Jeans befestigt.

7 **Fertiges Motiv.** Die Naht wurde durchgängig genäht. Die Markierlinie mit einem feuchten Tuch entfernen, damit sie durch die Bügelhitze nicht fixiert wird.

MITTEL-, PASSEN- UND SEITENNAHT

Eine Jeans wird in einer anderen Reihenfolge zusammengenäht als eine normale Hose. Ein Nachteil dabei ist, dass Sie die Jeans während des Nähens nicht anprobieren können. Sie müssen also sicher sein, dass die Passform stimmt, bevor Sie die Nähte schließen.

ZUBEHÖR

- Topstitchgarn und Standardgarn zum Absteppen
- Standardgarn zum Schließen der Nähte
- Overlock- oder Nähmaschine zum Versäubern der Kanten
- Kantenfuß zum Absteppen (optional)
- Jeans- und Topstitchnadel (optional)

KANTEN VERSÄUBERN

- **NÄHTE, DIE ABGESTEPPT WERDEN:** Beide Stofflagen nach dem Nähen gemeinsam versäubern (z. B. Mittel- und Passennaht)
- **NÄHTE, DIE AUSEINANDERGEBÜGELT WERDEN:** Jede Stofflage vor dem Nähen einzeln versäubern (meist die Seitennaht)
- **VERSÄUBERN MIT DER OVERLOCKMASCHINE:** 3-Faden-Overlock- oder 2-Faden-Flatlockstich
- **VERSÄUBERN MIT DER NÄHMASCHINE:** Ideal ist ein relativ breiter Zickzackstich
- **WEBKANTE:** Muss nicht versäubert werden

ABSTEPPEN

- Entscheiden Sie selbst, ob Sie die Seitennähte oder die innere Beinnaht absteppen möchten. Die großen Marken machen es so (es gibt Unterschiede, je nach Stil):
- **ABGESTEPPTE INNENNAHT:** Lee, Levi's, Nudie Jeans, True Religion, Calvin Klein, Evisu
- **ABGESTEPPTE SEITENNAHT:** Wrangler

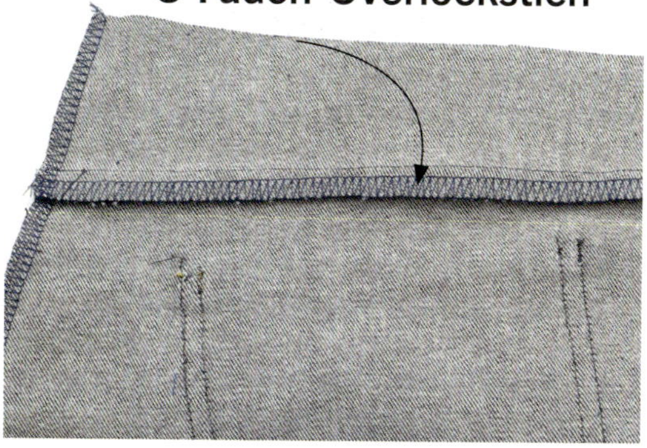

1 **Passe und Beinteil zusammennähen.** Vor dem Nähen der Mittelnaht beide Passenteile nähen und mit einem 3-Faden-Overlock- oder einem Zickzackstich einzeln versäubern.

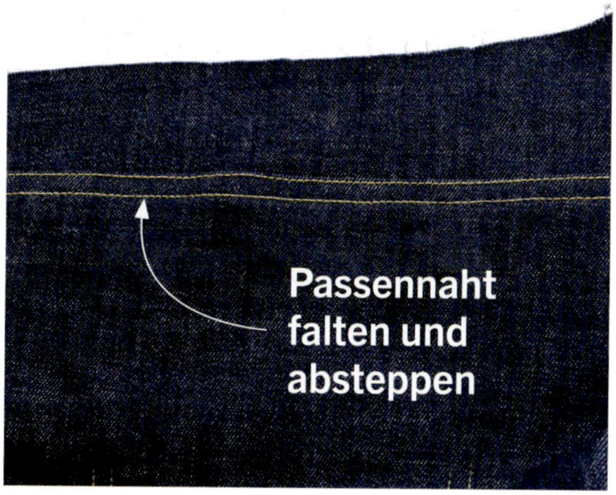

2 **Passennaht absteppen.** Nahtzugabe nach oben oder unten falten und mit zwei oder drei Nahtreihen absteppen. Mehr dazu auf Seite 124/125.

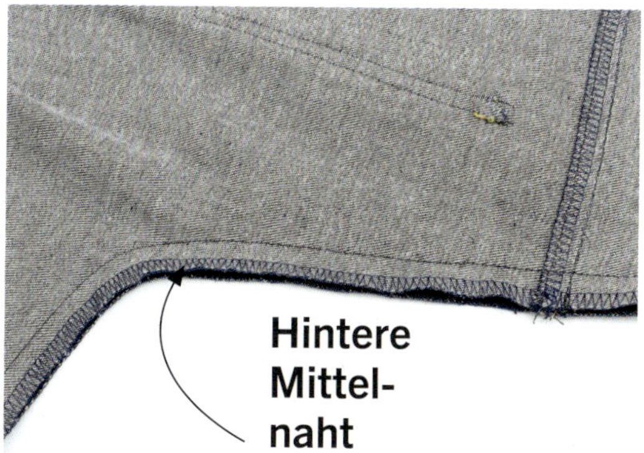

3 **Hintere Mittelnaht nähen.** Hosenteile rechts auf rechts legen und Mittelnaht mit einem Geradstich nähen. Kante versäubern, wenn noch nicht geschehen.

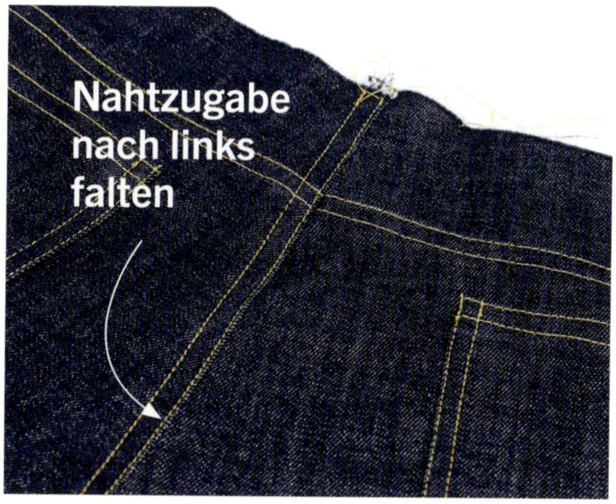

4 **Mittelnaht absteppen.** Nahtzugabe nach links falten (von der rechten Stoffseite aus) und Mittelnaht absteppen (Details dazu auf S. 125/126). Jetzt die Gesäßtaschen aufnähen, falls noch nicht geschehen (Tutorial auf S. 108).

5 **Naht schließen, die abgesteppt werden soll.** Bei unserem Beispiel ist es die innere Beinnaht, Sie können aber auch die Seitennaht absteppen.

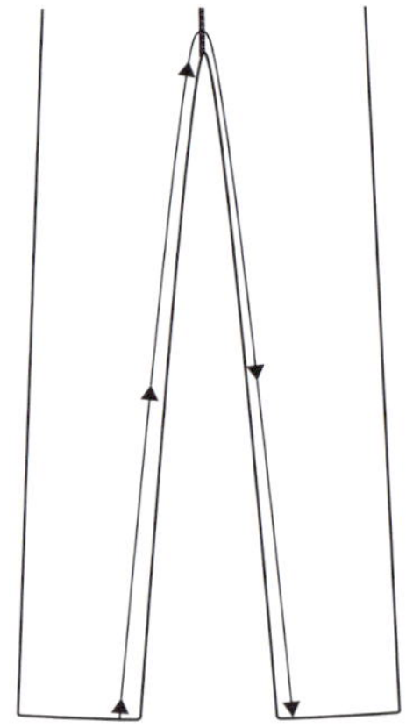

6 **Nahtverlauf.** Von einer Saumkante nach oben über die Mittelnaht und wieder nach unten bis zur zweiten Saumkante nähen, ohne abzusetzen. **TIPP:** Traditionell näht man vom linken Hosenbein aus.

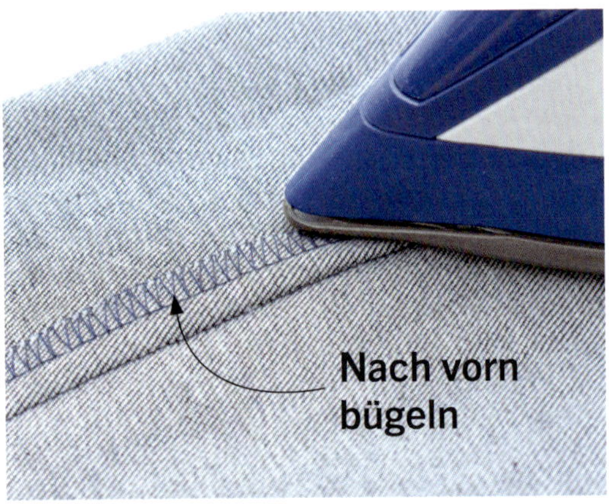

7 **Absteppen vorbereiten.** Nahtzugabe nach vorn bügeln (das ist die Standardrichtung der inneren Beinnaht bei Jeans).

8 **Naht absteppen.** Eine oder zwei Nahtreihen von einer Saumkante durchgängig bis zur zweiten nähen. **TIPP:** Ein Ausgleichsplättchen (Hebamme) bringt den Nähfuß problemlos über die dicke Mittelnaht.

9 **Naht von innen.** Beim Absteppen immer Standardnähgarn als Unterfaden verwenden, dann verheddern sich die Fäden nicht.

10 **Seitennähte schließen.** Beide Seitennähte mit einem Geradstich schließen.

11 **Nahtzugaben auseinanderbügeln.** Wenn die Seitennaht nicht abgesteppt wird, werden die Nahtzugaben immer auseinandergebügelt.

12 **Im Taschenbereich absteppen.** Nahtzugabe hier nach vorn falten. Die seitliche Taschennaht durch eine knappkantige Steppnaht verstärken.

MITTEL- UND PASSENNAHT ALS KAPPNAHT

Eine selbstgenähte Jeans sieht besonders professionell aus, wenn die Mittel- und Passennaht als Kappnaht genäht wird. Die Stoffkanten versäubern sich dabei selbst. Nachteil: Die Naht ist komplizierter, besonders an Rundungen.

BEVOR SIE LOSLEGEN

Dieses Tutorial zeigt die einzelnen Schritte bei der Passe und der hinteren Mittelnaht. Details zur Anpassung des Schnittmusters und Vorbereitung der Nähte finden sie unter *Eine Kappnaht nähen* auf Seite 54–61.

Wenn die Kappnaht nach oben gebügelt wird, muss die Nahtzugabe der Passe breiter werden. Wird sie nach unten gebügelt, fügen Sie die zusätzliche Zugabe oben am Hosenteil ein.

ZUBEHÖR

- Topstitch- oder Jeansnadel
- Standardnähgarn
- Jeansgarn zum Absteppen
- Ausgleichsplättchen (Hebamme)
- Gummihammer
- Maßband

1 **Passe vorbereiten.** Kappnaht wie auf Seite 56/57 beschrieben markieren und falten. Falttiefe an mehreren Stellen messen, um sicherzugehen, dass sie gleichmäßig ist. Das ist besonders bei Nahtrundungen wichtig.

2 **Knappkantig absteppen.** Steppnaht direkt neben der Kante nähen. **TIPP:** Mit einem Kantenfuß gelingt eine saubere und gleichmäßige Steppnaht.

3 **Zweite Nahtreihe nähen.** Mit einem Topstitchfuß die zweite Nahtreihe etwa 6 mm neben der ersten nähen. **TIPP:** Die Kante des Nähfußes als Führungshilfe verwenden, um einen gleichmäßigen Abstand von 5–6 mm einzuhalten.

4 **Mittelnaht falten und bügeln.** Details zum Falten siehe *Echte Kappnaht* auf Seite 56/57. Prüfen Sie von der rechten Seite aus, ob die Nähte an der Passe direkt aufeinandertreffen. Mit Stecknadeln oder Heftstichen fixieren.

5 **Dicke Nahtkreuzung flach klopfen (optional).** Besonders bei schweren Denimstoffen ist die Kreuzung der Mittel- und Passennaht sehr dick. Zum leichteren Absteppen mit einem Gummihammer flach klopfen.

6 **Erste Nahtreihe entlang der Mittelnaht nähen.** Von oben her knappkantig steppen. Sobald der Nähfuß etwas schräg liegt, ein Ausgleichsplättchen unterlegen. Ansonsten gibt es Fehlstiche und ein ungleichmäßiges Nahtbild.

7 **Ausgleichsplättchen, wenn nötig, auch vor dem Nähfuß unterlegen.** Wenn sich der Nähfuß vorn in Schräglage befindet, auch hier mit einem Plättchen ausgleichen. Das Plättchen langsam mit nach vorn bewegen, bis der Nähfuß wieder flach aufliegt.

8 **Zweite Nahtreihe durchgängig nähen.** Stoff am Ende der Mittelnaht drehen und die zweite Nahtreihe durchgängig nähen. Nähen Sie mit einem Standard- oder Topstitchnähfuß, denn mit einem Kantenfuß wäre es noch schwieriger, über die dicke Nahtkreuzung zu nähen.

9 **Fertige Kappnaht.** Diese Passen- und Mittelnaht wurde mit einer Standardnähmaschine genäht. Wichtig ist, dass die Nahtkreuzung möglichst flach ist und der Nähfuß mithilfe eines Ausgleichsplättchens gut über die dicke Stelle gleitet.

10 **Innenseite.** Als Unterfaden wurde ein Standardnähgarn verwendet, damit es keine Probleme mit der Fadenspannung gibt und das Garn glatt durch die Spule läuft. An der Nahtkreuzung lässt sich eine kleine Unregelmäßigkeit in der Kappnaht kaum vermeiden.

GERADER BUND

Die meisten Jeans haben einen geraden Bund. Es empfiehlt sich, den Bund aus zwei Teilen zusammenzusetzen, weil die zusätzliche Nahtzugabe mehr Stabilität und Form verleiht. Sie können den Bund aber auch aus einem Teil nähen, das in der Mitte gefaltet wird.

ZUBEHÖR

- Bügeleinlage
- Topstitchgarn als Oberfaden
- Standardnähgarn als Unterfaden
- Jeans- oder Topstitchnadeln
- Heftfaden oder wasserlösliches doppelseitiges Klebeband

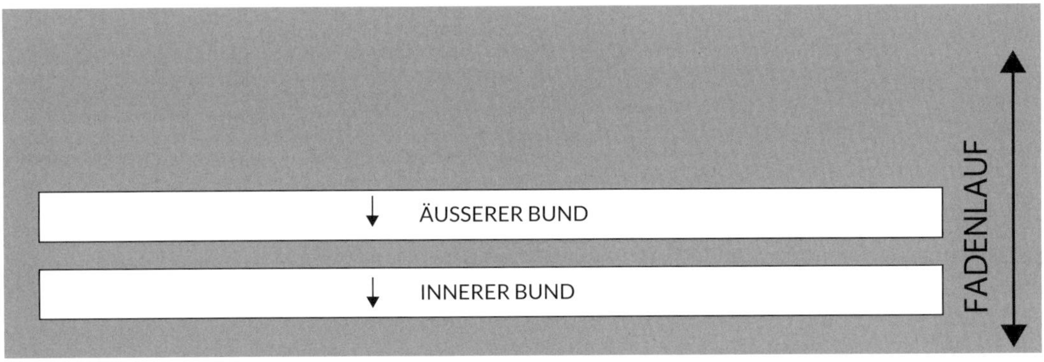

BUND ZUSCHNEIDEN

Die Bundteile werden quer zum Fadenlauf zugeschnitten, dann laufen sie kaum ein und sind leicht dehnbar. Webstoffe laufen oft auch nach der ersten Wäsche in Längsrichtung noch ein. Ein im geraden Fadenlauf zugeschnittener Bund läuft also nach dem Waschen meist ein, besonders wenn der Stoff nicht vorbehandelt wurde.

Der Zuschnitt im Querfadenlauf hat außerdem den Vorteil, dass sich der Stoff etwas dehnt und sich beim Tragen der Körperform besser anpasst. Schneiden Sie die Bundteile am besten etwas länger zu als nötig und kürzen Sie sie erst beim Nähen. So sind Sie beim Nähen und Anpassen flexibler.

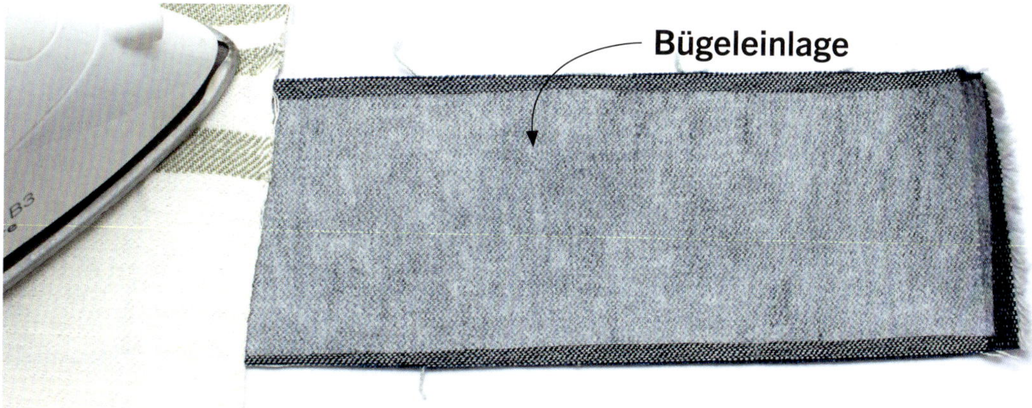

1 **Bügeleinlage aufbügeln.** Die leichte Bügeleinlage etwas breiter als die fertige Bundbreite zuschneiden und aufbügeln. Die Einlage ist nicht unbedingt nötig, gibt dem Bund aber mehr Stabilität und erleichtert das Nähen besonders bei Stretchdenim.

Wenn Sie schweren Denim verarbeiten, brauchen Sie keine Einlage. Bei dünnem oder sehr dehnbarem Denim sollten Sie alle Bundteile verstärken.

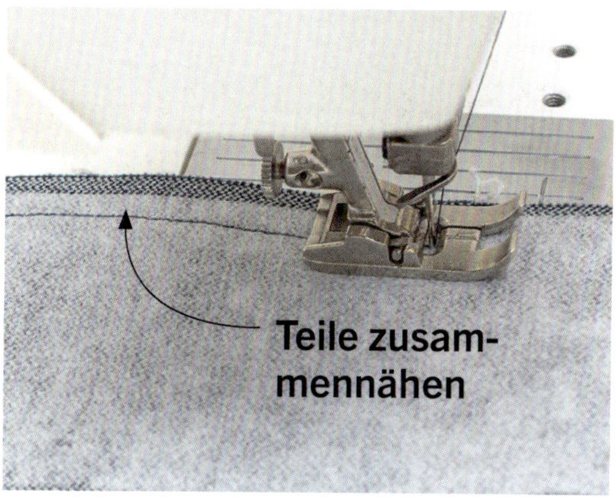

2 **Inneren und äußeren Bund zusammennähen.** Die Teile liegen rechts auf rechts, die Nahtzugabe beträgt ca. 10 mm.

3 **Naht bügeln.** Nahtzugabe auseinanderbügeln, Bund links auf links falten und nochmal bügeln.

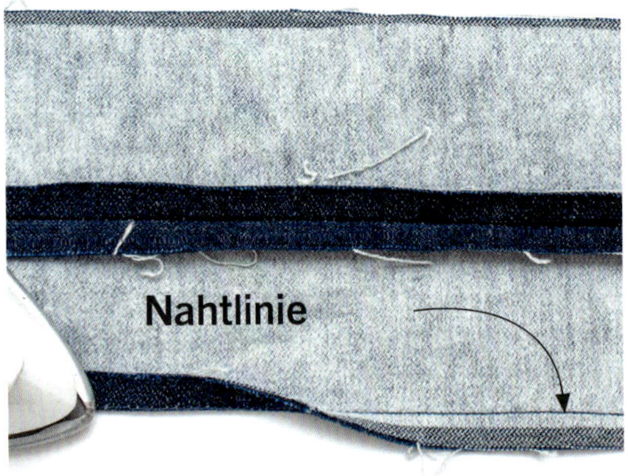

4 **Nahtzugabe am Innenbund falten und bügeln.** Zuvor die Faltlinie mit einem Geradstich markieren und die Zugabe dann nach innen bügeln.

5 **Außenbund festnähen.** Äußeren Bund rechts auf rechts auf die Hose legen und feststecken.

6 **Schlitzkante am Reißverschluss einfassen.** Den Bund 10–15 mm um die Kante legen und mit Stecknadeln oder Klammern fixieren.

7 **Bundende am Untertritt überstehen lassen.** Den überlangen Bund am Schlitzuntertritt noch nicht abschneiden; diese Kante wird bei Schritt 9 bearbeitet.

8 **Bund annähen.** Naht beginnt an der RV-Kante, Abstand zur Stoffkante ca. 10 mm.

9 **Kante des Untertritts einfassen.** Etwa 25 mm vor dem Nahtende stoppen und Nadel im Stoff stecken lassen. Bundende umklappen und Untertritt einfassen, umgeklappte Kante auf ca. 12 mm kürzen, Naht fertignähen und Nahtende sorgfältig sichern.

10 **Nahtzugaben nach innen bügeln.** So entstehen saubere Ecken. Die schmalen Kanten werden später beim Absteppen geschlossen.

11 **Bund falten.** Zur Vorbereitung des Absteppens darauf achten, dass alle Nahtzugaben nach innen zeigen.

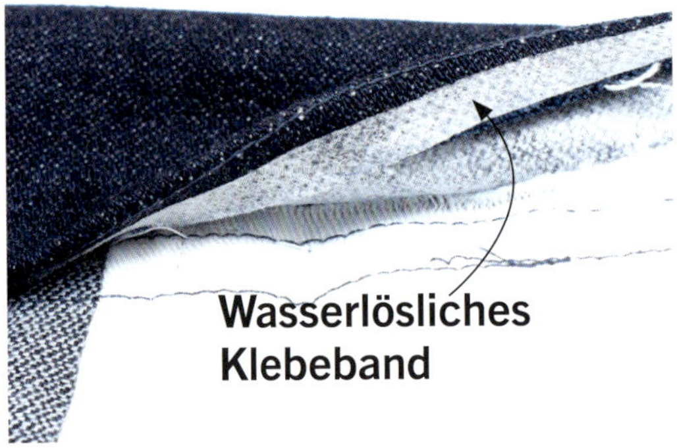

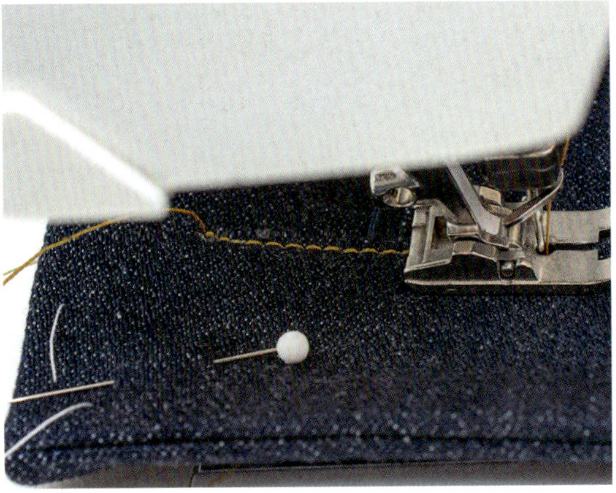

12 Bundteile mit Klebeband fixieren. Dieser Schritt ist optional, trägt aber dazu bei, dass sich die Teile beim Absteppen nicht verschieben können.

13 Bund absteppen. Naht beginnt am Untertritt unmittelbar nach der eingefalteten Nahtzugabe, damit der Nähfuß flach aufliegt. Entlang der Unterkante steppen und darauf achten, dass der Innenbund mitgefasst wird. **TIPP:** Zwei Finger unter den Bund legen und den Innenbund so führen, dass er genau auf dem Außenbund liegt.

14 Stoff drehen. An der Vorderkante die Nahtrichtung ändern und durchgängig weiternähen.

15 Nähfuß waagrecht führen. Wenn Nahtzugaben aufeinandertreffen oder bei Nahtkreuzungen tut sich die Nähmaschine schwer. Legen Sie ein Ausgleichsplättchen unter, dann bleibt der Nähfuß waagrecht und der Stoff wird gleichmäßig transportiert.

16 **Nahtende sichern.** Keine Rückstiche machen, sondern die Stichlänge verringern und mit dem Anfang der Naht überlappen lassen.

17 **Fertiger Bund.** Übung macht den Meister, also denken Sie sich nichts dabei, wenn der erste Bund noch nicht perfekt wird. Beherzigen Sie die Tipps und Tricks in diesem Tutorial und Sie werden sehr schnell bessere Ergebnisse erzielen.

18 **Innenseite des Bundes.** Als Unterfaden wird ein Standardnähgarn verwendet, damit die Fadenspannung ausgewogen ist. **TIPP:** Wenn es Ihnen schwerfällt, an der Innenseite gleichmäßige Stiche zu nähen, verwenden Sie als Unterfaden ein dunkelblaues Garn, dann sind die Stiche kaum sichtbar.

FORMBUND

Ein Formbund ist oben etwas schmaler als unten, damit er sich der Körperform gut anpasst. Er wird im leicht schrägen Fadenlauf zugeschnitten und ist deshalb gut dehnbar. Erstellen Sie Ihre Vorlage für einen maßgeschneiderten Formbund anhand des Tutorials auf Seite 28/29, wenn Ihr Jeansschnitt keine solche Vorlage enthält.

ZUBEHÖR

- Bügeleinlage
- Topstitchgarn als Oberfaden
- Standardnähgarn als Unterfaden
- Jeans- oder Topstitchnadeln
- Heftfaden oder wasserlösliches doppelseitiges Klebeband
- Quiltlineal (optional)

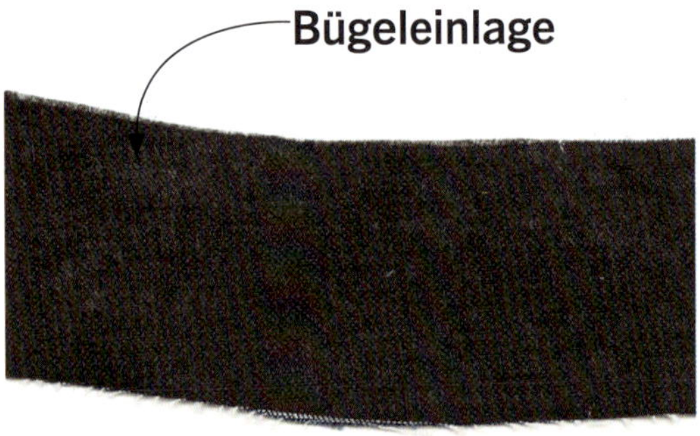

1 **Bügeleinlage aufbügeln.** Entweder nur auf den Innenbund oder, um mehr Stabilität zu erreichen, auf den Innen- und Außenbund. Eine leichte, dehnbare Einlage verwenden, weil der Bund dehnbar bleiben soll.

2 **Seitennähte schließen, wenn der Bund aus mehreren Teilen besteht.** Nahtzugaben auseinanderbügeln.

3 **Innen- und Außenbund zusammennähen.** Die Nahtzugabe beträgt maximal 10–12 mm; je schmaler, desto besser formt sich die Rundung, ohne die Zugabe einschneiden zu müssen.

4 **Naht bügeln.** Nahtzugabe auseinanderbügeln, Bund links auf links falten und nochmal bügeln.

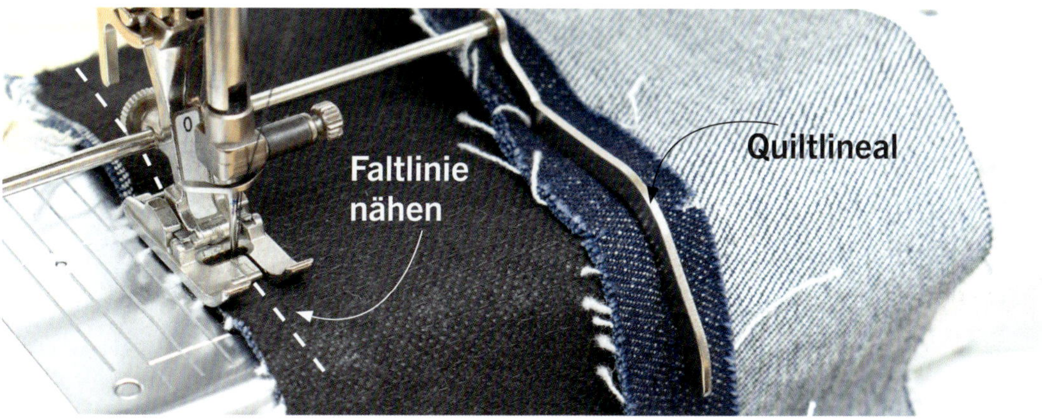

5 **An der Unterkante des Innenbunds die Faltlinie nähen.** Dadurch lässt sich die Nahtzugabe leichter umfalten. Naht mit Geradstichen nähen, dabei einige Millimeter weniger Nahtzugabe berücksichtigen, damit der Innenbund später etwas breiter liegt.

TIPP: Mit einem Quiltlineal bleibt der Abstand immer gleich. Das ist besonders hilfreich, wenn die Bundbreite variiert wie bei einem Formbund im Schrägschnitt.

6 **Nahtzugabe am Innenbund falten und bügeln.** Dabei die genähte Faltlinie als Führung verwenden.

7 **Bundbreite prüfen.** Darauf achten, dass der Bund überall gleich breit ist, nachdem die Nahtzugaben nach innen gebügelt wurden. Wenn nötig, justieren.

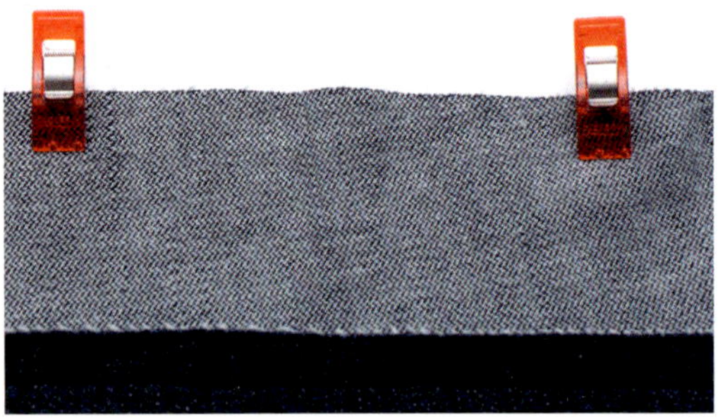

8 **Außenbund festnähen.** Äußeren Bund rechts auf rechts auf die Hose legen. Mit Stecknadeln oder Klammern fixieren.

9 **Schlitzkante und Untertritt am Reißverschluss einfassen.** Die Nahtzugabe des Bundes um die Kante legen und mit Stecknadeln oder Klammern fixieren. Weitere Details finden Sie unter *Gerader Bund* auf Seite 130.

10 **Bund annähen.** Naht beginnt am Reißverschluss und endet am Untertritt. Darauf achten, dass die umgefalteten Nahtzugaben an den schmalen Kanten eng anliegen und nicht aufklaffen.

11 **Nahtzugaben nach innen bügeln.** Die schmalen Kanten werden beim Absteppen geschlossen, sie brauchen jetzt nicht zusammengenäht werden.

12 **Bund falten.** Zur Vorbereitung des Absteppens darauf achten, dass alle Nahtzugaben nach innen zeigen. Bund sorgfältig bügeln, damit die Faltkanten fixiert werden.

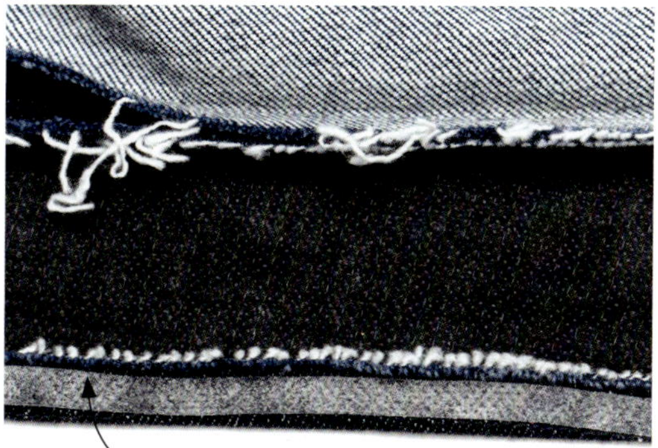

13 **Bundteile zusammenheften oder mit Klebeband fixieren.** Dieser Schritt ist optional, hilft aber dabei, dass sich die Teile beim Absteppen nicht verschieben.

14 **Bund absteppen.** Naht beginnt am Untertritt. Den Bund so absteppen, wie unter *Gerader Bund* auf Seite 132/133 (Schritt 13–16) beschrieben.

15 **Fertiger Bund.** Ein Formbund ist schwieriger zu nähen, weil er gerundet ist und sich beim Nähen gern dehnt. Beherzigen Sie unsere Tipps und Tricks, dann haben Sie keine Probleme damit.

16 **Innenseite des Bundes.** Ein anderer Stoff für den Innenbund sieht sehr schön aus. Als Unterfaden wurde ein blaues Nähgarn verwendet, damit man unregelmäßige Stiche nicht so leicht sieht.

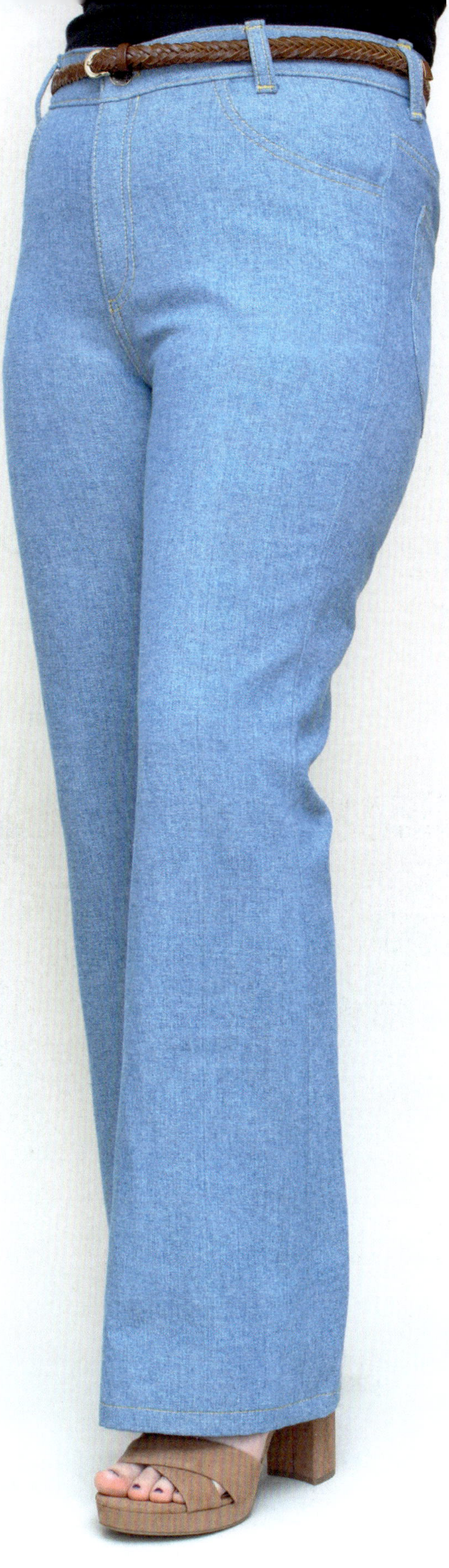

DREILAGIGE GÜRTELSCHLAUFEN

Das sind die beliebtesten Schlaufen, zumindest bei allen, die eine Overlockmaschine haben. Die Kanten werden versäubert und gefaltet, sodass die fertige Breite ein Drittel der Ausgangsbreite beträgt. Anschließend werden die Kanten mit der Nähmaschine abgesteppt.

ZUBEHÖR

- Nähmaschine
- Kantenfuß (optional)
- Overlockmaschine (optional)
- Bügelschablone (optional)
- Topstitchgarn als Oberfaden
- Standardnähgarn als Unterfaden
- Jeans- oder Topstitchnadel

1 **Stoffstreifen ausschneiden und versäubern.** Die Streifenbreite beträgt 3x die fertige Breite. Mit einem breiten 3-Faden-Overlockstich oder einem Zickzackstich versäubern.

2 **Kanten falten und bügeln.** Dazu eine Bügelschablone in fertiger Schlaufenbreite verwenden (siehe S. 148/149). Ein Drittel umfalten, bügeln, dann nochmal falten.

3 **Maschine vorbereiten.** Topstitchgarn als Oberfaden und Standardnähgarn als Unterfaden verwenden. Ein Kantenfuß erleichtert das Nähen, ist aber nicht unbedingt nötig. Für bessere Stabilität, zuerst die Seite mit der versäuberten Kante steppen.

4 **Absteppen.** Darauf achten, dass alle Lagen erfasst werden.

5 **Zweite Kante absteppen.** Entlang der zweiten Stoffkante parallel steppen.

6 **Fertige Gürtelschlaufe.** Der große Vorteil bei dieser Methode ist die Flexibilität bei Größe, Garnen und Nadeln. Die Schlaufen sind aber dicker als die Varianten mit Coverstich oder Zwillingsnaht (siehe nächste Seiten).

GÜRTELSCHLAUFEN MIT ZWILLINGSNAHT

Solche Gürtelschlaufen lassen sich schnell und einfach auf jeder Nähmaschine nähen. Das beste Ergebnis erzielt man mit einer Jeans-Zwillingsnadel. Schwere Denimstoffe können problematisch sein. Auf der Rückseite der Schlaufe ist eine Zickzacknaht zu sehen.

Experimentieren Sie mit der Fadenspannung, bevor Sie nähen. Wenn sich zwischen den Nahtreihen ein Wulst bildet, verringern Sie die Spannung.

ZUBEHÖR

- Topstitchgarn oder Standardnähgarn als Oberfaden
- Standardnähgarn als Unterfaden
- Zwillings-Jeansnadel 100/16
- Schrägbandformer oder Papierschablone zum Falten

1 **Stoffstreifen ausschneiden.** Die Breite entspricht der doppelten fertigen Breite. Der Streifen ist so lang wie alle Gürtelschlaufen zusammen plus Nahtzugaben. Kanten nicht versäubern, der Zickzackstich auf der Unterseite verhindert später ein Ausfransen.

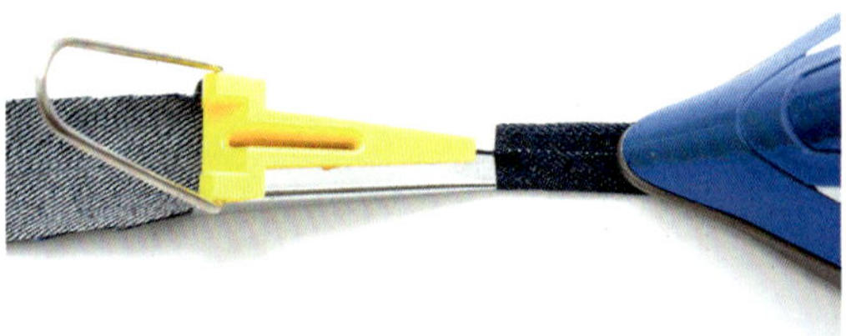

2 **Streifen falten und bügeln.** Einen Schrägbandformer oder eine Schablone (S. 144) zum Falten verwenden.

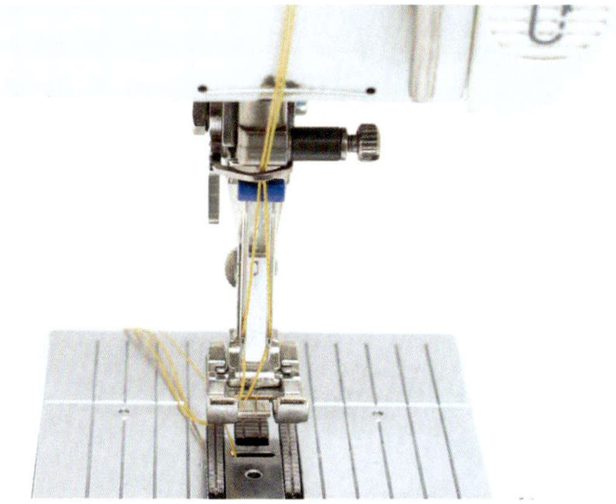

3 **Maschine vorbereiten.** Zwillingsnadel einsetzen und gut festziehen. Zwei Oberfäden einlegen (ggf. zwei Spulen auf den Garnrollenhalter setzen). Empfohlene Einstellungen für die Zwillingsnadel beachten und Stichlänge auf das gewünschte Maß einstellen.

4 **Gefalteten Streifen auflegen.** Darauf achten, dass der Streifen mittig liegt. Kante des Nähfußes als Führung verwenden.

5 **Zwillingsnaht nähen.** Langsam arbeiten und Stoffstreifen mit den Händen führen, damit die Naht gleichmäßig verläuft.

6 **Fertige Schlaufe.** Mit dieser Methode lassen sich Gürtelschlaufen auf einer Haushaltsnähmaschine am schnellsten herstellen. Es macht nichts, wenn die Zickzackstiche auf der Rückseite nicht ganz gleichmäßig sind.

GÜRTELSCHLAUFEN MIT COVERNAHT

In der Bekleidungsindustrie werden Jeans-Gürtelschlaufen mit einer Coverlockmaschine und einem Bandformer genäht. Man kann sich aber auch mit einem Stück Karton behelfen.

ZUBEHÖR

- Standardnähgarn als Nadelfaden (einige Haushalts-Coverlockmaschinen kommen mit Topstitchgarn nicht zurecht)
- Overlockgarn als Greiferfaden
- 2-Nadel-Coverstich
- Nadelgröße 90/14
- Ein Stück Karton

1 **Bügelschablone aus Karton ausschneiden.** Die Breite entspricht der fertigen Schlaufenbreite – ca. 12 mm. Die Länge entspricht der Gesamtlänge aller Schlaufen plus Nahtzugaben. Mittig eine Linie einzeichnen.

2 **Stoffstreifen zuschneiden.** Im Längsfadenlauf schneiden. Die Breite entspricht der doppelten fertigen Breite; bei sehr dickem Stoff ein paar Millimeter zugeben als Ausgleich für die Faltung.

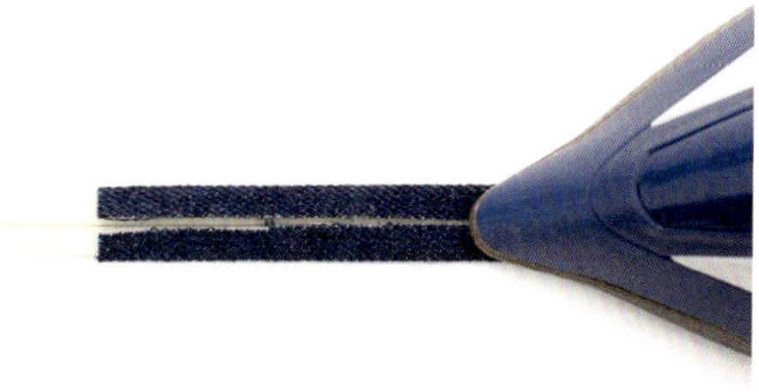

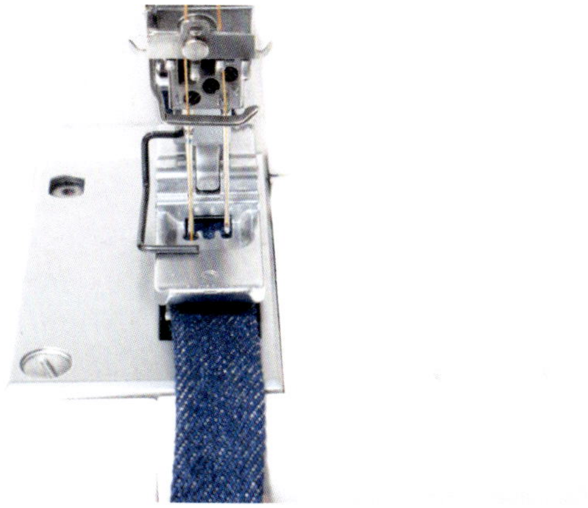

3 **Kanten falten.** Kartonschablone einlegen, Kanten nach innen umfalten und sorgfältig bügeln. Karton herausziehen und erneut bügeln.

4 **Absteppen.** Die Nadel sollte gleich beim ersten Stich durch den Stoff gehen.

5 **Mittig nähen.** Die Kanten des Nähfußes als Führung verwenden oder mit einem Kantenfuß arbeiten bzw. eine andere Führungshilfe benutzen.

6 **Fertige Schlaufe.** Schlaufen in der gewünschten Länge abschneiden.

COVERNAHT MIT BANDFORMER

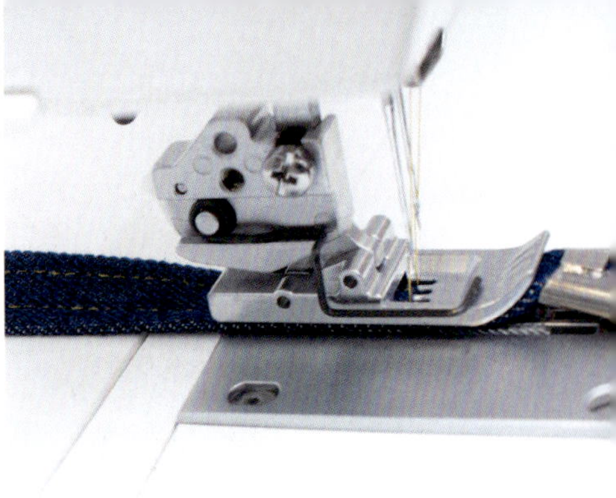

Mit einem speziellen Bandformer lassen sich professionelle Gürtelschlaufen in kürzester Zeit nähen. Einige Maschinenhersteller bieten diesen Spezialfuß als Sonderzubehör an, aber man kann auch einen Standard-Bandformer verwenden und ihn mit Klebeband fixieren.

ZUBEHÖR

- Bandformer
- Standardnähgarn als Nadelfaden (einige Haushalts-Coverlockmaschinen kommen mit Topstitchgarn nicht zurecht)
- Overlockgarn als Greiferfaden
- 2-Nadel-Coverstich
- Nadelgröße 90/14

1 Stoffstreifen zuschneiden. Zuschnitt im Fadenlauf. Die Breite entspricht der doppelten fertigen Breite plus ein bisschen extra, falls der Bandformer Kanten hat, die sich in der Mitte treffen. Wenn die Kanten überlappen, nach den Anweisungen des Herstellers vorgehen.

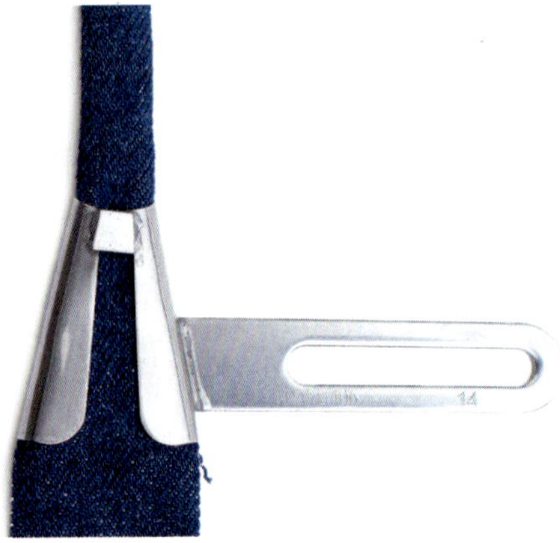

2 Band einlegen. Etwa 5 cm durchziehen, damit der Nähfuß den Stoff voll erfassen kann.

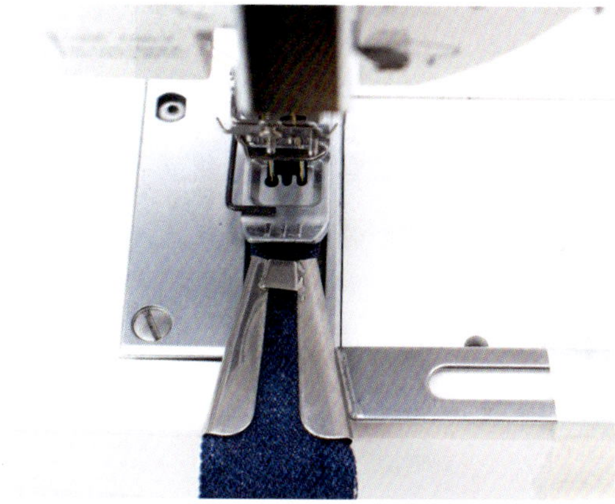

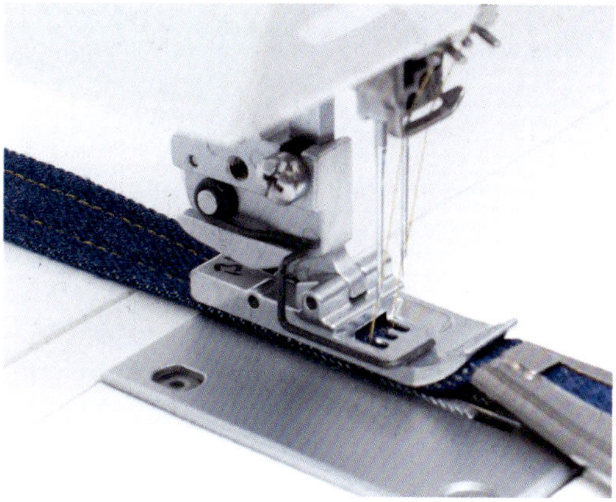

3 **Covernaht nähen.** Bandformer fixieren und gefaltetes Band unter den Nähfuß legen. Die Nadeln sollten beim ersten Stich durch den Stoff gehen.

4 **Mittig nähen.** Die Position des Bandformers ggf. justieren.

5 **Fertiges Schlaufenband.** Gleichmäßig lange Gürtel-schlaufen abschneiden.

GÜRTELSCHLAUFEN MIT EINZELNAHT

Diese ungewöhnliche Variante sieht man oft bei Designerjeans. Mit nur einer einzigen Steppnaht werden alle Kanten erfasst und fixiert.

Diese Schlaufen sehen verblüffend aus, sind aber eigentlich ganz leicht zu nähen. Man braucht dazu nur eine einfache Bügelschablone und kann den gesamten Streifen dann auf der Nähmaschine absteppen.

ZUBEHÖR

- Topstitchgarn als Oberfaden
- Standardnähgarn als Unterfaden
- Jeans- oder Topstitchnadel
- Karton und Stift für Bügelschablone

1 **Bügelschablone aus Karton ausschneiden.** Die Breite entspricht der fertigen Schlaufenbreite. Breite dritteln und Führungslinie einzeichnen.

2 **Stoffstreifen zuschneiden.** Die Breite beträgt 3x die fertige Breite plus optional 3 mm als Ausgleich für die obere Faltkante.

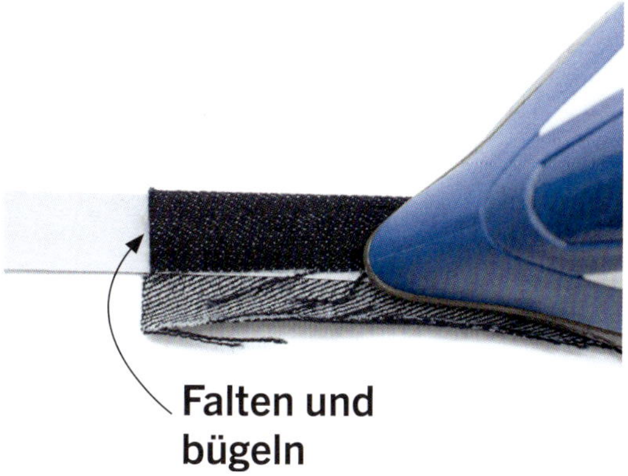

3 **Erste Kante falten.** Karton auflegen, oberes Stoffdrittel nach unten falten, bügeln.

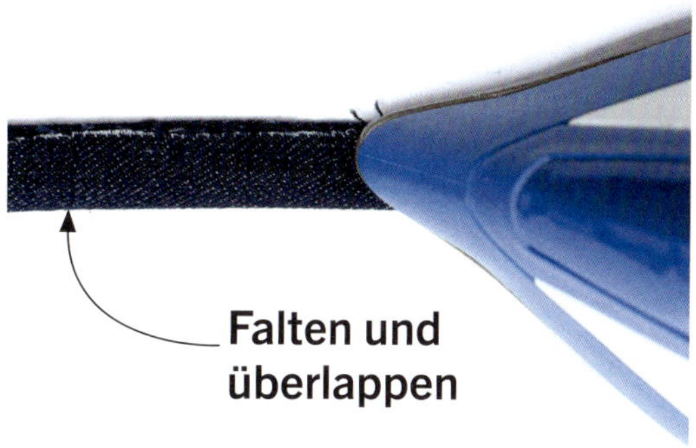

4 **Zweite Kante falten und überlappen.** Unteres Stoffdrittel nach oben falten, bügeln.

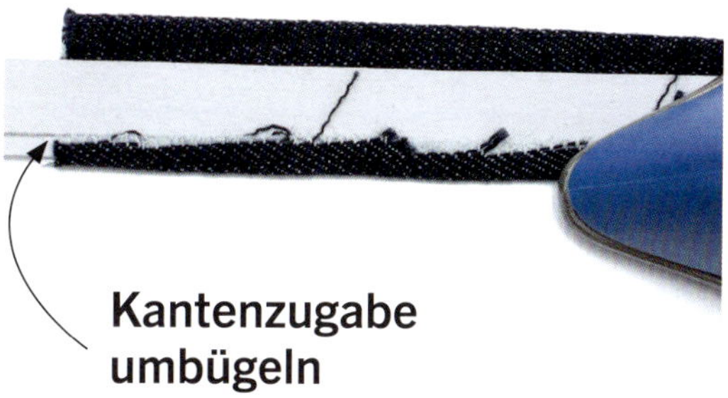

5 **Zweite Faltung wieder öffnen und Kantenzugabe nach oben bügeln.** Schablone auflegen und unversäuberte Kante falten, sodass sie auf die eingezeichnete Linie trifft (ein Drittel der Breite). Bügeln.

6 **Unterkante wieder nach oben klappen.** Darauf achten, dass die Bügelkante etwas über die Mitte des Streifens hinausreicht.

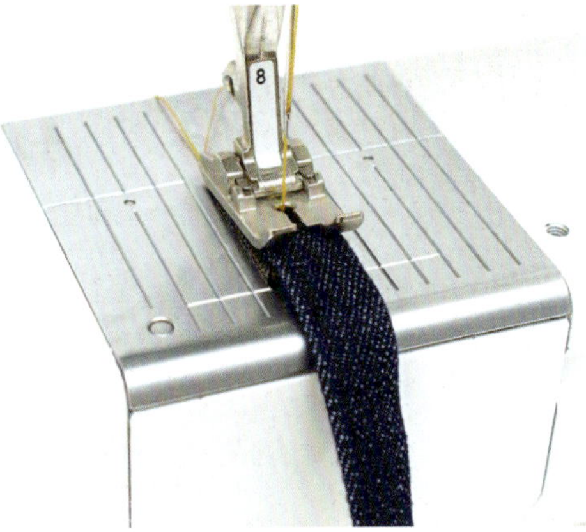

7 Maschine vorbereiten. Topstitchgarn als Oberfaden und Standardnähgarn als Unterfaden verwenden. Es empfiehlt sich eine Jeans- oder Topstitchnadel. Den gefalteten Stoffstreifen auflegen, Schauseite oben.

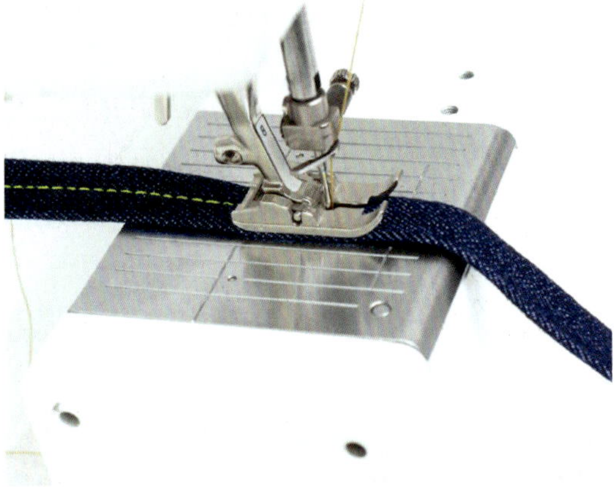

8 Steppnaht nähen. Die Naht verläuft mittig. Kanten des Nähfußes als Führung verwenden. Mit dem Zeige- oder Mittelfinger die Faltung an der Unterseite des Schlaufenbands mittig führen.

9 Fertiges Schlaufenband. Die Vorbereitung dauert zwar etwas länger, doch das Nähen geht sehr schnell. Man erhält besondere Gürtelschlaufen, die sich leicht ohne Sonderzubehör herstellen lassen.

GÜRTELSCHLAUFEN FESTNÄHEN

Diese Methode ist einfach und geht schnell, man braucht kein Sonderzubehör. Sie entspricht der Methode der Bekleidungsindustrie.

ZUBEHÖR

- Topstitchgarn als Oberfaden und Standardgarn als Unterfaden
- Jeans- oder Topstitchnadel
- Ausgleichsplättchen für den Nähfuß

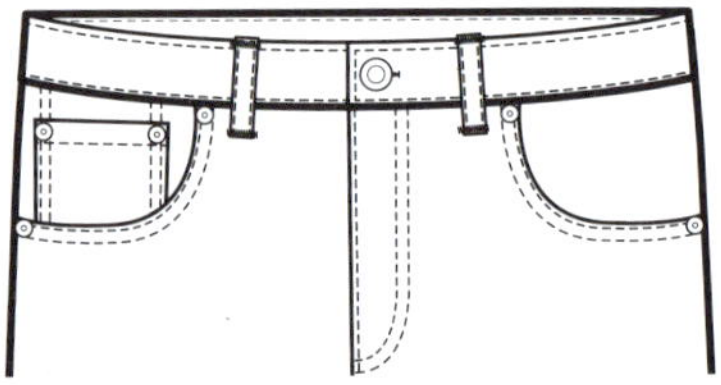

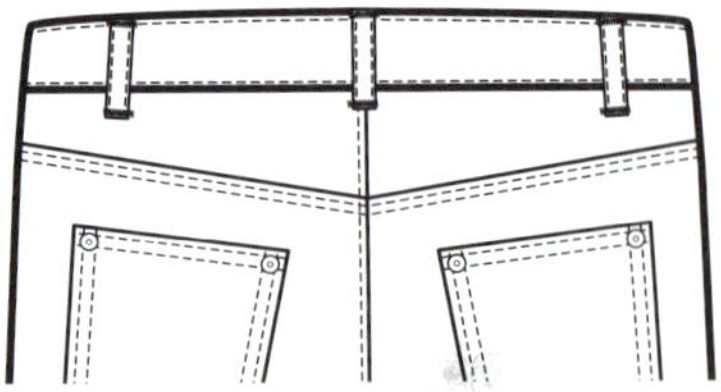

TIPPS ZUM ANNÄHEN VON JEANS-GÜRTELSCHLAUFEN

- Die meisten Jeans haben fünf Schlaufen, eine an der hinteren Mitte, zwei seitlich im Abstand von 3–5 cm zur Seitennaht und zwei vorn gleich neben dem Tascheneingriff.
- Gürtelschlaufen schließen oben mit der Bundkante ab oder liegen etwas tiefer. Sie gehen ca. 2,5–3 cm über die untere Bundkante hinaus.
- Wichtig ist, dass die Schlaufenlänge zu Ihren Lieblingsgürteln passt.
- An der hinteren Mitte werden bei Jeans oft zwei Schlaufen über Kreuz aufgenäht.
- Mit einem Ausgleichsplättchen hinter dem Nähfuß kann man besser über alle Lagen nähen.
- Der Stofftransport geht leichter, wenn die Riegel mit etwas längeren Stichen genäht werden.
- Verwenden Sie Topstitchgarn als Oberfaden und Standardnähgarn als Unterfaden, dann gibt es keine Probleme mit der Fadenspannung.

1 **Schlaufenenden falten und bügeln.** Schlaufen 10–15 mm umfalten, danach bügeln. Die Kanten müssen nicht versäubert werden; kleine Fransen an diesen Stellen gelten als traditioneller Look.

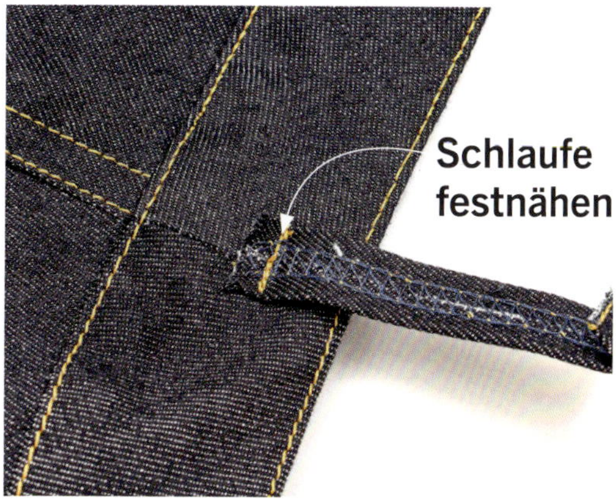

2 **Oberes Ende der Schlaufe festnähen.** Direkt in der Faltlinie mit Geradstichen nähen und mit Rückstichen sichern. **TIPP:** Schlaufe mit einer Stecknadel oder ein paar Heftstichen fixieren.

3 **Untere Kante feststeppen.** Schmale Zickzacknaht mit kurzen Stichen, Nahtanfang und -ende mit Rückstichen sichern. Naht leicht über die Schlaufe hinausnähen. **TIPP:** Zwei parallele Geradstichnähte anstelle der Zickzacknaht sehen interessanter aus.

4 **Obere Kante feststeppen.** Schmale Zickzacknaht mit kurzen Stichen, einige Millimeter unterhalb der Schlaufenkante.

GÜRTELSCHLAUFEN IM BUND EINNÄHEN

Bei vielen Jeansmarken werden die Gürtelschlaufen in den Bund eingenäht. Das geht im Prinzip ganz einfach und wirkt sehr sauber. Sie müssen nur die Schlaufen etwa 25 mm länger machen als sonst üblich.

ZUBEHÖR

- Topstitchgarn
- Standardnähgarn
- Jeans- oder Topstitchnadel
- Ausgleichsplättchen für den Nähfuß
- Maßband

1 **Gürtelschlaufen an der Oberkante der Hose festnähen.** Dieser Schritt kommt vor dem Festnähen des Bundes an der Hose. Mit einem Geradstich knapp neben der Kante nähen. Details zur Positionierung der Gürtelschlaufen auf Seite 152.

2 **Bund festnähen.** Den Bund an die Hose nähen; Details unter *Gerader Bund* auf Seite 130. Darauf achten, dass die Gürtelschlaufen nicht aus Versehen mitgefasst werden. Schlaufen ggf. mit Stecknadeln fixieren.

3 **Ausgleichsplättchen unterlegen.** Durch die Gürtelschlaufen sind es noch mehr Stofflagen, durch die genäht werden muss. Das kann besonders an der hinteren Mittelnaht zu Problemen führen. Mit einem Ausgleichsplättchen unter dem Nähfuß lässt sich das vermeiden.

4 **Faltposition ausmessen.** Wie weit unten die Falte der Gürtelschlaufe liegen soll, können Sie selbst festlegen. Der übliche Abstand zum Bund beträgt ca. 25 mm. Wichtig ist, dass die Schlaufen lang genug sind, um den Gürtel aufzunehmen.

5 **Faltkante festnähen.** Mit Standardnähgarn genau in der Faltlinie nähen. Die Schlaufe wird dadurch fixiert und die Riegelnaht lässt sich später leichter nähen.

6 **Bund festnähen, Schlaufen nach oben falten und bügeln.** Die obere Faltkante liegt auf der oberen Bundkante. Das obere Ende der Schlaufe ca. 10 mm nach innen falten. Wird mehr eingefaltet, kann die Überlänge später gekürzt werden.

7 **Obere Schlaufenkante festnähen.** Einen *Riegel nähen* wie auf Seite 62/63 beschrieben und Nahtanfang und -ende sichern. Mit Standardnähgarn als Unterfaden und etwas längeren Stichen nähen, damit der Stofftransport gut klappt.

8 **Untere Schlaufenkante festnähen.** Einen Riegel wie an der oberen Kante nähen.

9 **Fertige Gürtelschlaufe.** Überlänge an der Schlaufenoberkante ggf. kürzen, sodass maximal 10 mm stehen bleiben. Solche Schlaufen wirken sehr elegant, sind aber genauso schnell zu nähen wie Standardschlaufen.

NIETEN

Nieten werden traditionell zur Verstärkung besonders beanspruchter Nähte verwendet, z. B. an den Tascheneingriffen. Sie dienen auch als Zierelemente und sind in vielen Formen und Metallfarben erhältlich.

ZUBEHÖR

- Nieten und Dorne
- Ahle, Nietenzange oder Lochstanze
- Hammer, Zange, Amboss oder Handpresse zum Befestigen der Nieten
- Befestigungsset für professionelles Vernieten (optional, empfehlenswert)

1 **Nietenposition markieren.** Nicht zu dicht an der Naht, alle Teile müssen bequem anzubringen sein.

2 **Loch stechen.** Mit einer Ahle, mit Hammer und Stanze oder mit einer Nietzange ein kleines Loch durch alle Stofflagen stechen.

3 **Dorn von unten her durch das Loch führen.** Darauf achten, dass der Dorn vollständig nach oben gedrückt wird.

4 **Dorn nach Bedarf kürzen.** Bei einem dünnen Stoff kann der Dorn zu lang sein. Dann mit einer Zange kürzen. Den Dorn erst kürzen, wenn er eingesetzt ist, ansonsten könnte die Zange die Dornspitze beschädigen.

5 **Niete aufsetzen.** Von der rechten Seite aus arbeiten und darauf achten, dass das Oberteil korrekt auf dem Dorn sitzt.

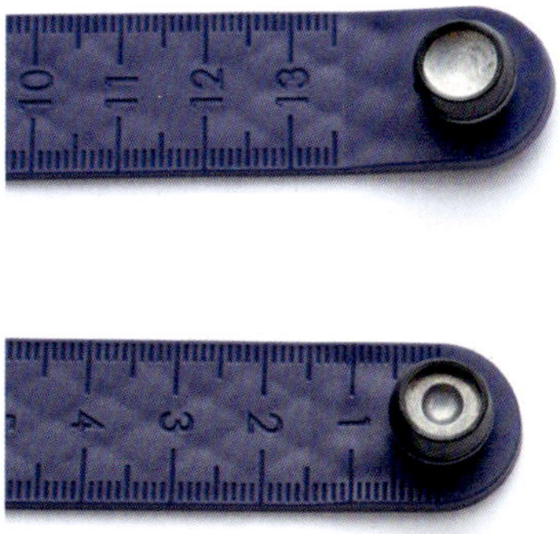

6 **Werkzeug vorbereiten.** Am besten ein passendes Nietset verwenden. Mit dem unteren Teil wird der Dorn fixiert, der obere Teil hat eine runde Vertiefung, mit der die gerundete Oberfläche der Niete geschützt wird. Ist die Niete oben flach, ist kein Spezialset nötig.

7 **Niete festklopfen.** Mit dem Hammer gerade von oben auf die Mitte der Niete schlagen. Vor dem zweiten Schlag prüfen, ob die Niete richtig sitzt. Das ist besonders wichtig, wenn man ohne Nietset arbeitet.

8 **Niete prüfen.** Niete mit den Fingern fassen und daran ziehen. Sie soll sich dabei nicht bewegen lassen. Nötigenfalls mit ein paar zusätzlichen Hammerschlägen fixieren.

KNOPFLÖCHER NÄHEN

Der Trick bei Jeansknopflöchern ist die größere Stichlänge. Man arbeitet mit einem Standardgarn als Unterfaden und näht ein manuelles, kein automatisches Knopfloch.

Durch diese Vorkehrungen vermeidet man Probleme wie unregelmäßigen Stofftransport oder verheddertes Garn.

ZUBEHÖR

- Topstitchgarn als Oberfaden und Standardnähgarn als Unterfaden
- Markierstift
- Jeans- oder Topstitchnadel
- Knopflochstanze oder Nahttrenner
- Knopflochfuß (ein Standardnähfuß funktioniert auch)

TIPPS FÜR JEANSKNOPFLÖCHER

- Den Zickzack/Knopfloch-Stich etwas länger einstellen. Jeansgarn braucht mehr Platz. Ist der Stich zu eng, funktioniert der Stofftransport nicht richtig.
- Mehrere Lagen Stoff laufen nicht so leicht unter dem Nähfuß hindurch. Die längeren Stiche verringern dieses Problem.
- Nähen Sie ein Jeansknopfloch nicht mit einem Automatik-Knopflochfuß, denn er läuft nicht so sauber über den schweren Stoff wie ein Standard-Knopflochfuß.
- Arbeiten Sie mit Topstitchgarn als Oberfaden und Standardnähgarn als Unterfaden, dann vermeiden Sie Probleme mit der Fadenspannung.
- Das beste Ergebnis erzielt man mit einer Topstitchnadel. Sie hat ein relativ großes Nadelöhr und ist so ausgelegt, dass sie gut durch dicke Stoffe gleitet.

1 **Position des Knopflochs markieren.** Knopflochöffnung mit Schneiderkreide anzeichnen. Längenberechnung: Knopfdurchmesser plus Höhe plus Endriegel. Die Begrenzungslinien sollten länger sein als der Nähfuß breit ist, damit man sie während des Nähens auch gut erkennt.

2 **Maschine vorbereiten.** Topstitch- oder Knopflochgarn als Oberfaden verwenden, Standardnähgarn als Unterfaden. Eine Topstitchnadel oder große Jeansnadel einsetzen. Stichlänge im Vergleich zu regulären Knopflöchern erhöhen.

3 **Probeknopfloch nähen.** Immer erst ein Probeteil nähen, um die Größe des Knopflochs und die Sticheinstellung beurteilen zu können. Der Stoff sollte doppelt liegen und idealerweise mit einer Einlage verstärkt sein, um dem Original möglichst nahezukommen.

4 **Knopfloch nähen.** Am inneren Ende beginnen, rundherum nähen und mit einem Riegel enden wie bei jedem anderen Knopfloch auch. Nähen Sie ein Augenknopfloch (siehe oben), wenn Ihre Nähmaschine diese Möglichkeit bietet.

5 **Knopfloch aufschneiden.** Mit einer Knopflochstanze oder einem guten Nahttrenner arbeiten. Die Stanze hat den Vorteil, dass sie schärfer ist, was besonders bei dicken Stofflagen vorteilhaft ist.

6 **Fertiges Knopfloch.** Mit dieser Methode entsteht ein strapazierbares, aber leicht zu nähendes Knopfloch.

FLACHKNÖPFE

Diese gängigen Jeansknöpfe sind oben flach und haben oft eine geprägte oder gravierte Oberfläche. Man braucht zum Anbringen solcher Knöpfe kein Spezialwerkzeug – ein einfacher Hammer genügt. Flachknöpfe gibt es in den unterschiedlichsten Farben, etwa Messing, Kupfer und Silber, manche sind auch emailliert.

ZUBEHÖR

- Jeansknopf und Dorn
- Markierstift
- Ahle für das Loch
- Hammer zum Befestigen des Knopfes

1 **Position des Knopfes markieren.** Den Bund wie beim Tragen überlappen lassen. Mit einem Stift oder einer Ahle einen Punkt 3 mm neben dem Knopflochende markieren.

2 **Loch stechen.** Mit einer Ahle ein kleines Loch durch den Bund stechen, sodass man von der Rückseite aus den Dorn durchschieben kann.

3 **Dorn einsetzen.** Den Dorn von der linken Bundseite aus durch das Loch stecken.

4 **Knopf aufstecken.** Den Knopf auf der rechten Bundseite auf den Dorn stecken. Darauf achten, dass der Knopf richtig sitzt.

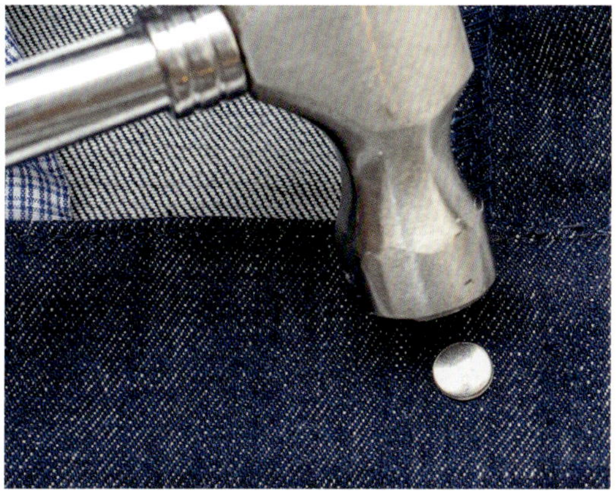

5 **Von der linken Seite aus einige Male leicht auf den Dorn schlagen.** Darauf achten, dass die Schläge mittig sind. Weiter hämmern, bis der Knopf fest sitzt. Den Knopf mit den Fingern hin und her bewegen, er darf nicht locker sein. Wenn nötig noch etwas hämmern.

6 **Fertiger Knopf.** Dieser Knopf ist ein Flachknopf. Der geprägte Lorbeerkranz ist ein klassisches Design, das seit dem frühen 20. Jahrhundert verwendet wird.

DONUT-KNÖPFE

Die Knöpfe haben ihren Namen von der charakteristischen Vertiefung in der Mitte, die an einen Donut erinnert. Solche Knöpfe werden seit mehr als hundert Jahren verwendet und gelten als die authentischsten Jeansknöpfe überhaupt.

Ein Donut-Knopf wird mittels eines Dornes befestigt, dessen Spitze plattgeschlagen wird. Das kann man manuell auf einem kleinen Amboss machen, wie in unserem Tutorial gezeigt. Mit einer speziellen Handpresse wird das Ergebnis schöner, weil das Werkzeug die Dornspitze schön rundet.

ZUBEHÖR

- Donut-Knopf und Dorn
- Ahle oder Stanzzange für das Loch
- Hammer, Zange, Amboss oder Handpresse
- Spezialwerkzeug für präziseres Arbeiten (optional)

1 **Position markieren.** Bund überlappen. Mit einem Stift oder einer Ahle einen Punkt knapp neben dem Knopflochende markieren.

2 **Loch stechen.** Mit einer Ahle oder einer Stanze ein kleines Loch stechen. Es muss groß genug für den Dorn sein.

3 **Dorn einsetzen.** Den Dorn von der linken Bundseite aus durch das Loch stecken.

4 **Donut-Knopf aufstecken.** Den Knopf auf der rechten Bundseite auf den Dorn stecken.

5 **Dornspitze plätten.** Bund auf eine harte Unterlage legen, Knopf zeigt nach oben. Aufsatz auf die Dornspitze stecken und mit leichten Schlägen mittig hämmern. Des öfteren prüfen, ob alles passt. So lange hämmern, bis der Dorn flach geklopft ist und der Knopf fest sitzt. Das kann etwas dauern.

6 **Fertiger Donut-Knopf.** Mit einem Spezialwerkzeug wäre das Ergebnis glatter und symmetrischer. Allerdings reicht das Standard-Handwerkzeug meist aus, vor allem wenn man nicht viele solcher Knöpfe verarbeitet.

GERADSTICH-SAUM

Eine Jeans kann man sehr schön mit einer Haushaltsnähmaschine säumen. Wichtig ist, dass man ein Standardnähgarn als Unterfaden verwendet und dem Nähfuß mit einem Ausgleichsplättchen über besonders dicke Stellen hilft.

Der einzige Nachteil ist, dass man mit dem Geradstichsaum nicht den typischen Welleneffekt eines Kettstichsaums erzielt, den man bei industriell gefertigten Säumen oft sieht.

ZUBEHÖR

- Topstitchgarn als Oberfaden
- Standardnähgarn als Unterfaden
- Topstitch- oder Jeansnadel
- Ausgleichsplättchen für den Nähfuß

VORBEREITUNG

Der Saum wird weniger voluminös, wenn die Kante unversäubert bleibt. Sie können die Kante aber auch mit einem Overlock- oder Zickzackstich versäubern, bevor Sie den Saum nähen. Fertigen Sie immer erst einen Testsaum mit dem Originalstoff an, um die Einstellungen zu prüfen. Experimentieren Sie mit der Fadenspannung und der Stichlänge, um eine möglichst gleichmäßige Saumnaht zu erhalten.

Wenn es nicht reicht, die Fadenspannung zu verstellen, machen Sie auch Versuche mit der Spulenspannung. Markieren Sie aber zuvor die ursprüngliche Spannungseinstellung an der Spule oder verwenden Sie zum Absteppen eine zweite Spule.

1 **Saum einschlagen und bügeln.** Die übliche fertige Saumbreite bei Jeans ist 13–15 mm.

2 **Erneut einschlagen und bügeln.** Beim zweiten Einschlagen brauchen Sie nicht zu messen, nehmen Sie einfach den ersten Einschlag als Richtbreite.

3 **Maschine vorbereiten.** Topstitchgarn als Oberfaden und Standardnähgarn als Unterfaden einlegen. Topstitchnadel oder Jeansnadel einsetzen und gut festziehen.

4 **Saumnaht beginnt an der inneren Beinnaht.** Nahtanfang mit Rückstichen sichern, dann die Saumkante nähen.

5 **Knapp neben der Oberkante des Saumeinschlags nähen.** Den Zeigefinger unter den Stoff legen und die Kante erfühlen, dann auf der rechten Stoffseite mit dem Daumen als Führung an der Kante entlangnähen.

6 **Ausgleichsplättchen zum Übernähen der Außennaht verwenden.** Das Plättchen als Stütze unter den Nähfuß schieben, dann wird der Stoff gleichmäßig transportiert und es entstehen keine Fehlstiche.

7 **Saum fertigstellen.** Nahtende mit Rückstichen oder Übernähen sichern, Fäden abschneiden. Die Nahtenden können auch von Hand vernäht werden (siehe S. 174)

8 **Fertiger Saum.** Wenn man einen dunkelblauen Unterfaden verwendet, sieht man Unregelmäßigkeiten auf der Innenseite nicht.

KETTSTICH-SAUM

In der Bekleidungsindustrie wird zum Säumen eine Kettstichmaschine verwendet. Eine solche Naht altert mit dem typischen Wellenmuster an der unteren Saumkante, das bei authentischen Jeans angestrebt wird.

Ein ähnlicher Look lässt sich mit einer einfachen Coverlockmaschine erzielen, mit der man eine 1-Nadel-Kettstichnaht nähen kann. Der Nachteil beim Kettstich ist, dass sich eine solche Naht leichter löst. Sie muss also vernäht werden.

ZUBEHÖR

- Standardnähgarn als Nadelfaden (einige Haushalts-Coverlockmaschinen kommen mit Topstitchgarn nicht zurecht)
- Overlockgarn, Standardgarn oder Bauschgarn als Greiferfaden
- Einstellung auf 1-Nadel-Kettstich
- Nadel Größe 90/14

VORBEREITUNG

Seitennähte schließen. Saumkante nicht versäubern, so entsteht weniger Volumen. Die Kante franst nicht aus, da sie nach innen gefaltet und abgesteppt wird.

Nähen Sie immer einen Testsaum mit dem Originalstoff, um die Einstellungen zu prüfen. Experimentieren Sie mit der Fadenspannung und dem Stofftransport. Passen Sie bei der Coverlockmaschine den Nähfußdruck an, wenn Denimstoffe verarbeitet werden.

1 **Saumkante einschlagen und bügeln.** Die übliche fertige Saumbreite bei Jeans beträgt 13–15 mm.

2 **Erneut einschlagen und bügeln.** Beim zweiten Einschlagen brauchen Sie nicht zu messen, nehmen Sie einfach den ersten Einschlag als Richtbreite.

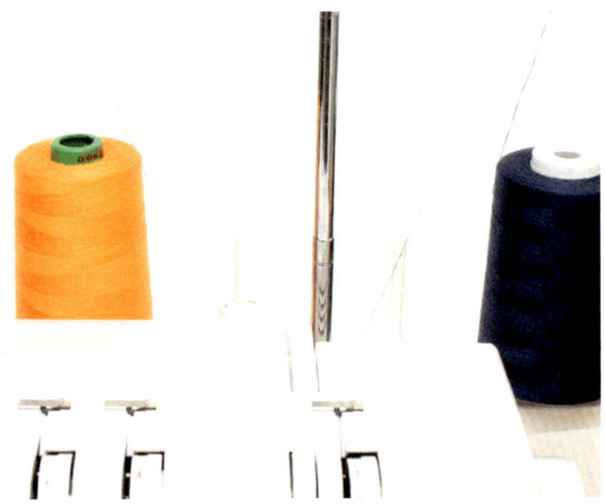

3 **Maschine vorbereiten.** Standardnähgarn als Nadelfaden und Overlock- oder Standardnähgarn als Greiferfaden einlegen. Der Faden oben im Bild links ist ein Standardnähgarn in Form einer Kreuzspule. Eine Nadel der Größe 90/14 einsetzen und einen 1-Nadel-Kettstich einstellen.

4 **Saumnaht beginnt neben der inneren Beinnaht.** Coverlockmaschinen kommen oft mit dicken Lagen nicht gut zurecht, deshalb nicht gleich am Anfang über eine andere Naht nähen.

5 **Knapp neben der oberen Saumkante nähen.** Darauf achten, dass der Stoff gleichmäßig transportiert wird und nicht am Stoff ziehen.

6 **Ausgleichsplättchen zum Übernähen der Außennaht verwenden.** Das Plättchen als Stütze unter den Nähfuß schieben, dann wird der Stoff gleichmäßig transportiert und es entstehen keine Fehlstiche.

7 **Saum fertigstellen.** Naht am Ende einige Stiche überlappen lassen.

8 **Stoff abnehmen.** Fäden abschneiden, Saumkante mit den Fingern zusammendrücken und den Stoff vorsichtig aus der Maschine ziehen.

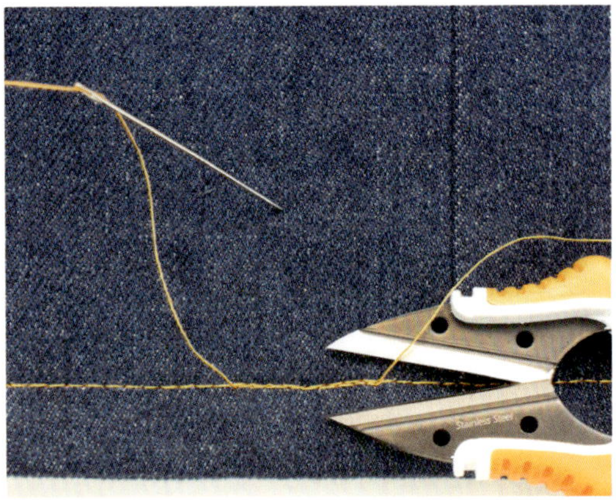

9 **Naht fertigstellen.** Ende des Oberfadens mit einer Handnadel auf die Rückseite durchziehen. Fadenanfang abschneiden, er muss nicht gesichert werden.

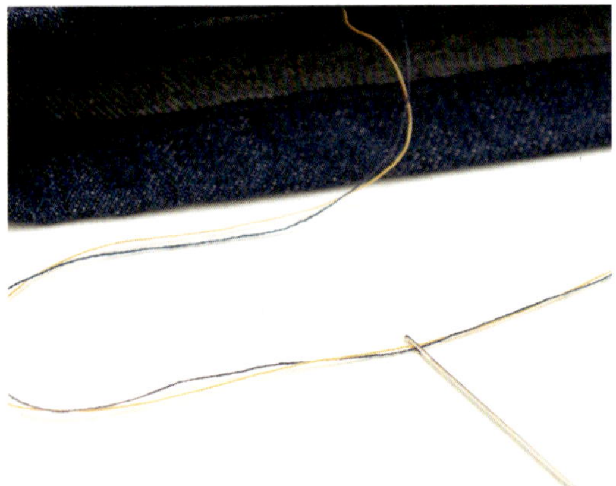

10 **Unterfaden einfädeln.** Wenn die Handnadel auf der Rückseite liegt, das Ende des Unterfadens auch durch das Nadelöhr ziehen, sodass Ober- und Unterfaden eingefädelt sind.

11 **Fadenenden sichern.** Fäden mithilfe der Nadel verknoten, Knoten am Stoff festnähen. Überstehende Fäden abschneiden.

12 **Fertige Saumkante.** Man erkennt die leicht wellige Struktur innen am Saum. Das ist der typische Look von Jeans, die mit einem Kettstich gesäumt wurden. Der Welleneffekt wird im Lauf der Zeit ausgeprägter.

DREIFACH-GERAD-STICHSAUM

Eine solche Saumnaht ist sehr strapazierfähig. Es werden zwei Stiche nach vorn genäht, dann folgt ein Stich zurück. Im Gegensatz zur einfachen Geradstichnaht ist diese Saumnaht etwas dehnbar. Die Naht eignet sich deshalb besonders gut für den schmalen Saum bei engen Stretchjeans.

Die Naht erhält Volumen durch die Vorwärts-/Rückwärtsbewegung der Nadel. Deshalb braucht man als Oberfaden kein Topstitchgarn, ein Standardnähgarn ist für diesen Fall deutlich besser geeignet. Die meisten modernen Nähmaschinen haben einen Dreifach-Geradstich, bei manchen Herstellern heißt er Dreifach-Stretchstich.

ZUBEHÖR

- Standardnähgarn
- Jeans- oder Topstitchnadel

Das Symbol für den Dreifach-Geradstich ist meist eine dreifache gestrichelte Linie. Achten Sie auf die Empfehlungen des Herstellers für Stichlänge und Fadenspannung.

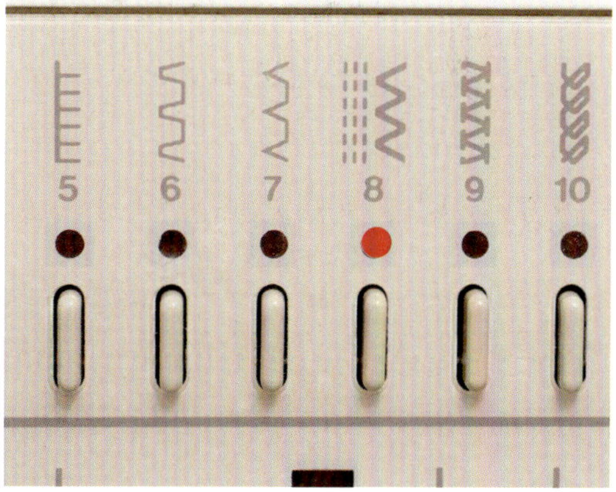

1 Maschine vorbereiten. Standardnähgarn als Ober- und Unterfaden verwenden. Einige Maschinenhersteller empfehlen die Verwendung eines Spezialfußes für solche Nähte. Mit einer etwas größeren Stichlänge wirkt die Naht wie eine traditionelle Jeans-Absteppnaht.

2 Saumnaht nähen. Die Naht dauert wegen der Vorwärts-/Rückwärtsbewegung etwas länger. Auf keinen Fall mit hoher Geschwindigkeit nähen oder am Stoff ziehen, sonst verzieht sich der Saum. Am Nahtende die Stiche etwas überlappen lassen. Zusätzliche Rückstiche sind nicht nötig, da in jeder Stichabfolge schon ein Rückstich enthalten ist.

3 Fertige Saumkante. Diese dehnbare und sehr strapazierfähige Naht ist besonders für Stretchjeans geeignet. Das gilt auch, wenn Sie keine Coverlockmaschine haben und keinen Kettstich nähen können.

4 Innenseite. Die Naht ist innen nicht ganz akkurat, doch sie ähnelt hier einer Kettstichnaht und ist deshalb eine gute Alternative, wenn man später die Jeans hochgekrempelt tragen möchte.

KAPITEL 6

DISTRESSING

LÖCHER MIT QUERFÄDEN

Bei dieser beliebten Methode des künstlichen Alterns werden die Löcher durch die Schussfäden zusammengehalten. Man findet sie meist an den Knien und an den Oberschenkeln, sie können im Prinzip aber überall eingearbeitet werden, auch an den Taschen und am Saum.

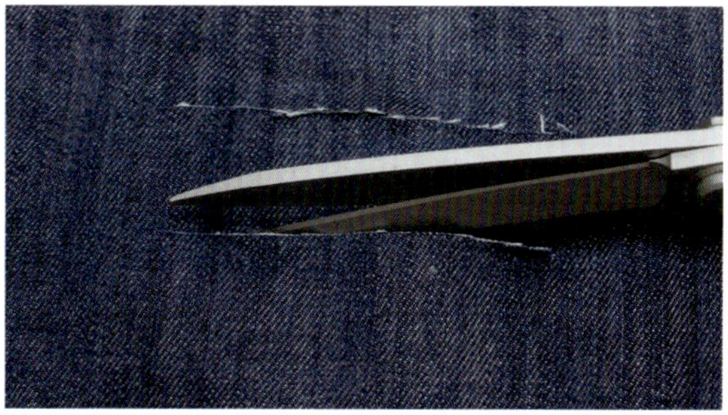

1 **Stoff quer einschneiden.** Mit einer Schere zwei parallel verlaufende Schlitze in der gewünschten Länge schneiden.

2 **Kettfäden entfernen.** Mit einer Pinzette die blauen, senkrecht verlaufenden Kettfäden zwischen den Schlitzen herausziehen. An einer Ecke beginnen. Die ersten paar Fäden können sehr störrisch sein, danach geht es leichter. Ziehen Sie die Fäden systematisch heraus.

3 **Kanten ausfransen.** Die weißen Schussfäden an den Kanten mit einer Nadel lockern. Die Fäden entweder einfach hängen lassen oder abschneiden, um eine saubere Kante zu erhalten.

4 **Kanten abreiben.** Alternativ die Stoffkanten über eine Reibe ziehen. Dadurch entsteht ein weicher, natürlicher getragener Look.

OFFENE LÖCHER

Wenn die Jeans größere Löcher haben soll, gehen Sie nach dieser Methode vor. Den Stoff in gewünschter Größe ausschneiden, Kanten ausfransen. Die Löcher bleiben offen oder können für den besonderen Look mit einem kontrastfarbenen Stoff unterlegt werden.

1 **Loch ausschneiden.** Kanten sind gerade oder können ungleichmäßig sein, je nach gewünschter Wirkung.

2 **Kanten ausfransen.** Mit einer Nadel an den senkrechten Kanten die Kettfäden entfernen, an den waagrechten Kanten die Schussfäden herausziehen. Oft lässt man einige weiße Querfäden hängen, die blauen Kettfäden werden aber ganz entfernt.

3 **Kanten abreiben (optional).** Kanten über eine Reibe ziehen und noch deutlicher ausfransen.

4 **Fertiges Loch.** Für einen besonderen Look relativ viele Querfäden entfernen. Alternativ können die Kanten unregelmäßig geschnitten werden.

FRANSENSAUM

Werden die Jeansbeine nicht gesäumt, fransen die Kanten mit der Zeit aus. Man kann diesen Prozess auch beschleunigen oder gleich einen Fransensaum arbeiten, um eine gealterte Jeans vorzutäuschen. Dieses Tutorial zeigt, wie man in wenigen Minuten einen modischen Fransensaum erhält.

1 **Bein kürzen.** Beachten, dass durch den Fransensaum das Jeansbein noch kürzer wird.

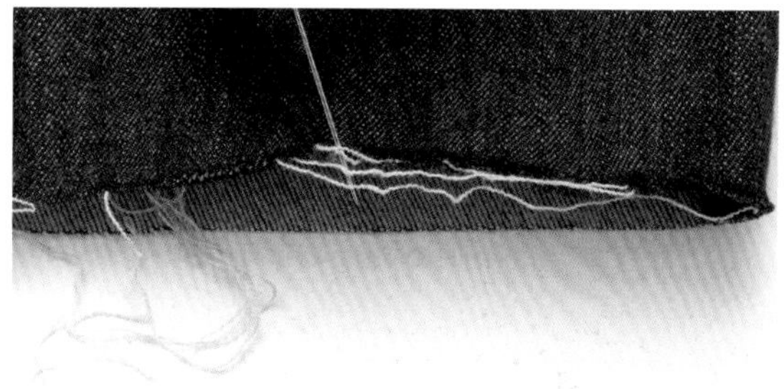

2 **Schussfäden entfernen.** Mit einer Nadel weiße Schussfäden lockern und herausziehen, bis die gewünschte Fransenlänge erreicht ist.

3 **Fertiger Fransensaum.** Die weißen Fäden können hängen bleiben oder abgeschnitten werden, wenn die Fransenkante gleichmäßiger sein soll. **TIPP:** Die intakte Stoffkante eng absteppen, dann wird weiteres Ausfransen verhindert.

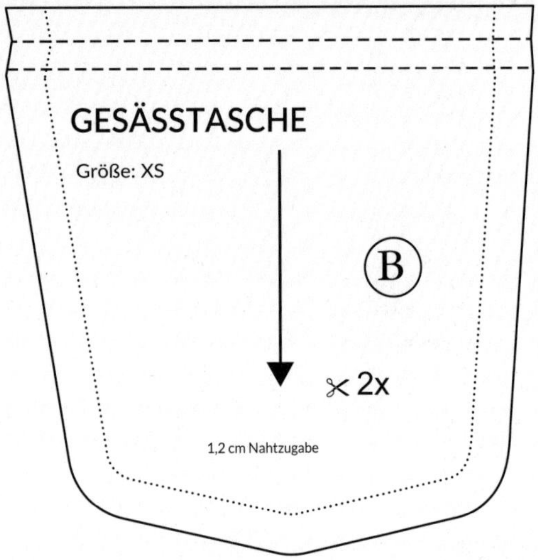
GESÄSSTASCHE
Größe: XS
B
2x
1,2 cm Nahtzugabe

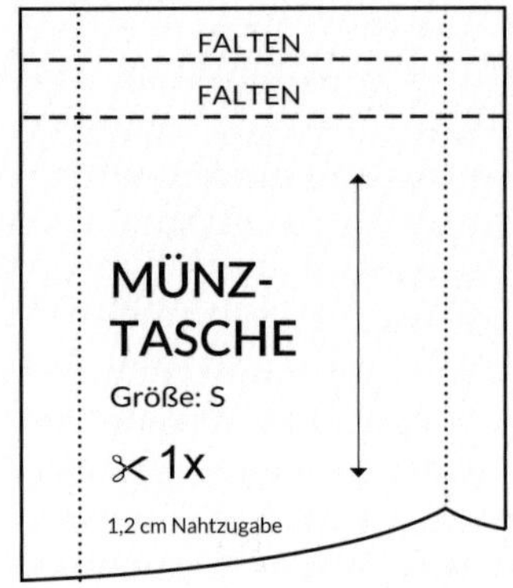
FALTEN
FALTEN
MÜNZ-
TASCHE
Größe: S
1x
1,2 cm Nahtzugabe

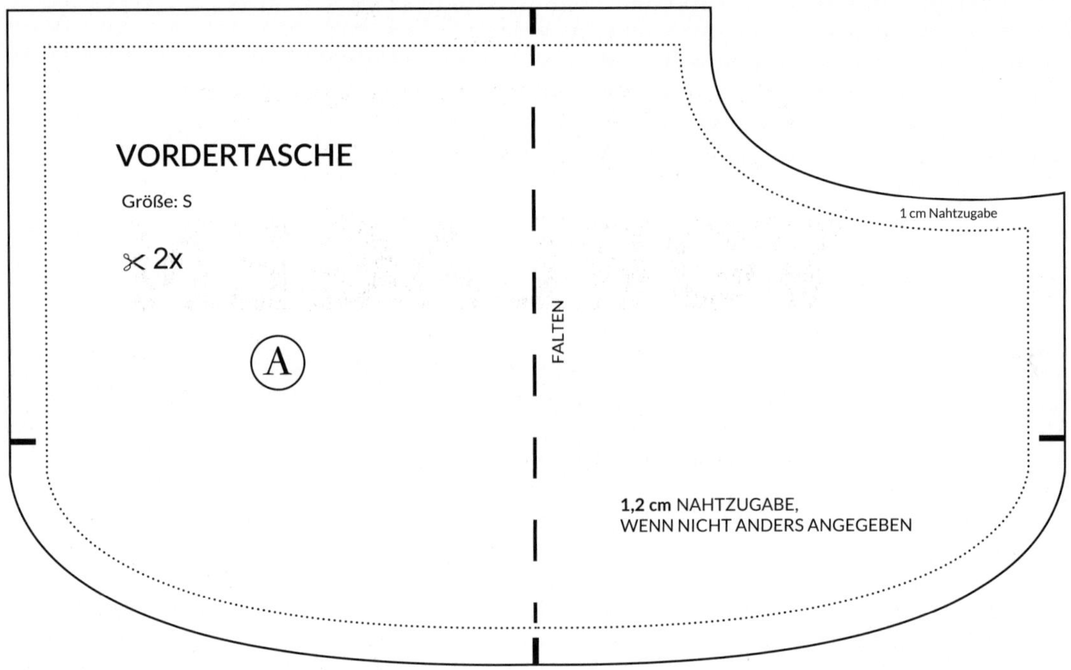
VORDERTASCHE
Größe: S
2x
A
FALTEN
1 cm Nahtzugabe
1,2 cm NAHTZUGABE,
WENN NICHT ANDERS ANGEGEBEN

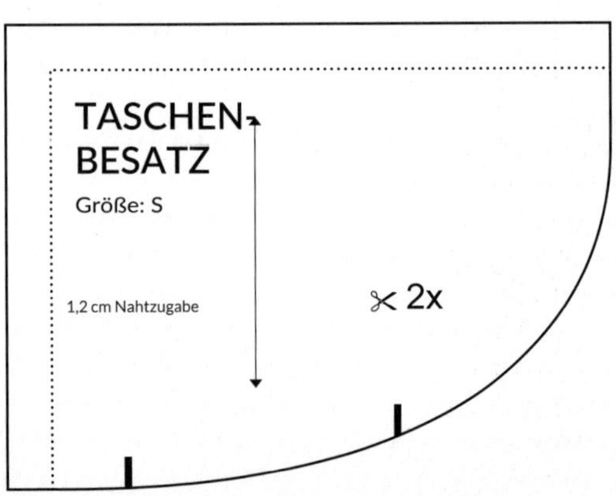
TASCHEN-
BESATZ
Größe: S
1,2 cm Nahtzugabe
2x

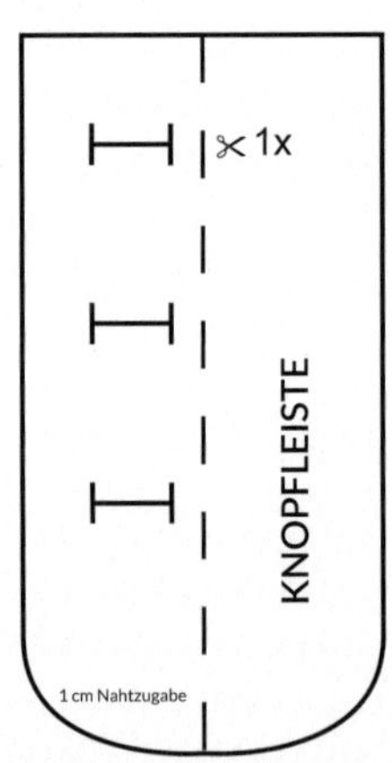
1x
KNOPFLEISTE
1 cm Nahtzugabe

KAPITEL 7

SCHNITT-VORLAGEN

SCHNITTVORLAGEN HERUNTERLADEN

Als Bonus zu diesem Buch können Sie kostenlos PDF-Vorlagen von Schnittmustern und Schablonen herunterladen, die Sie gleich bei Ihrer nächsten Jeans verwenden können!

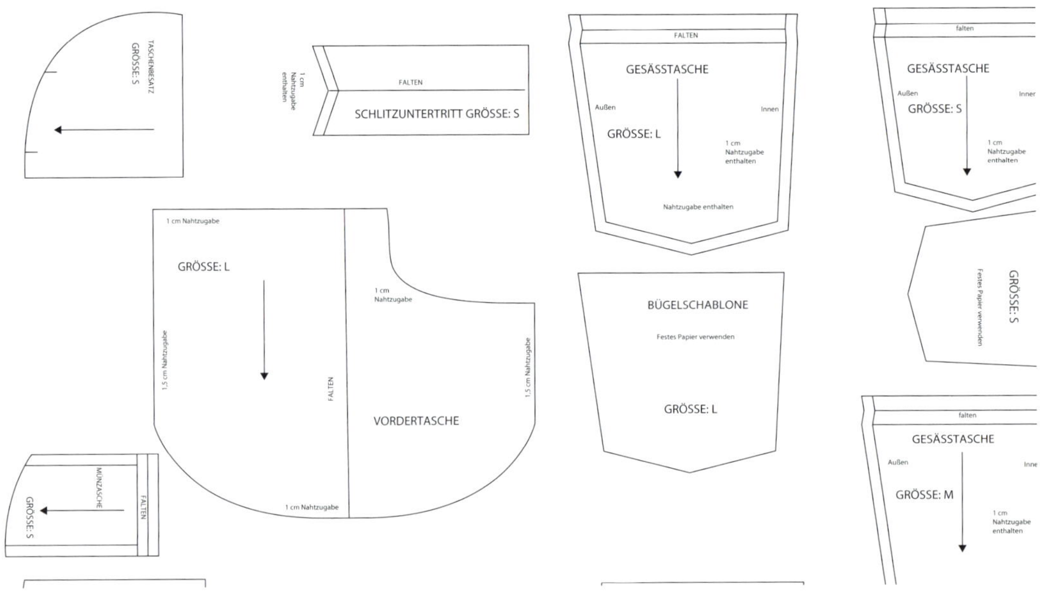

thelaststitch.com/jeansnahen

DIE SCHNITTMUSTERSAMMLUNG ENTHÄLT

- Schnittteile für Vordertaschen
- Schnitteile für Gesäßtaschen
- Bügel- und Steppschablonen
- Schnittteile für Reißverschlüsse
- Schnittteile für Knopfverschlüsse
- Schablonen für Ziernähte auf Gesäßtaschen

HIER KÖNNEN SIE DIE PDF-VORLAGEN HERUNTERLADEN:

thelaststitch.com/jeansnahen

GESÄSSTASCHEN

Die Schnittmustersammlung enthält fünf verschiedene Taschenstile.

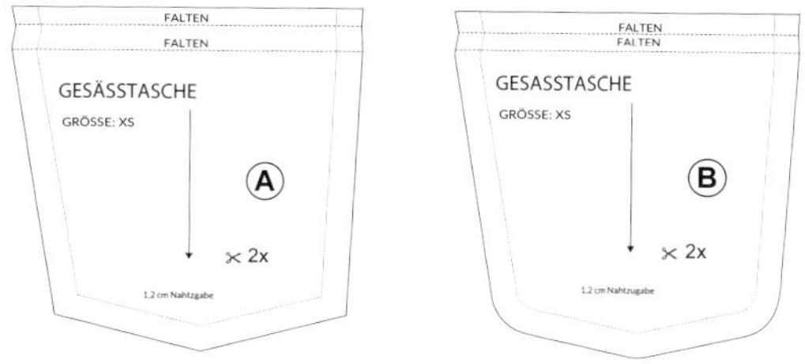

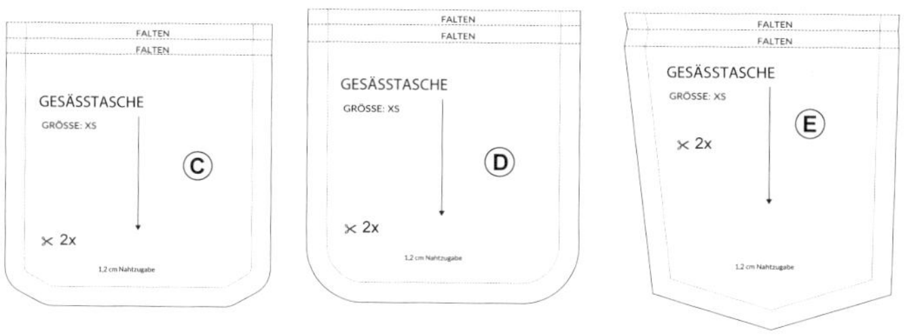

POSITION VON ASYMMETRISCHEN TASCHEN

Die Taschen A, B und E haben asymmetrische Seiten, d. h. eine seitliche Kante verläuft schräger als die andere. Das ist in der Bekleidungsindustrie gängig, um eine gezielte Wirkung zu erreichen.

Die schrägere Kante zeigt meist zur Mittelnaht, doch Sie können selbst experimentieren und herausfinden, welche Position Ihnen am besten gefällt.

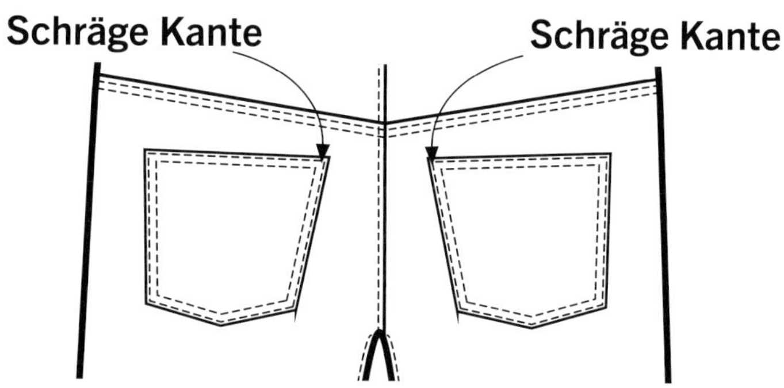

ARBEIT MIT DER BÜGELSCHABLONE

Zu jeder Größe und Variante an Gesäßtaschen gehört eine eigene Bügelschablone (Details siehe S. 109). Übertragen Sie den Umriss der Schablone auf festen Karton. Bügeln Sie dann die Nahtzugabe um die Schablone herum nach innen.

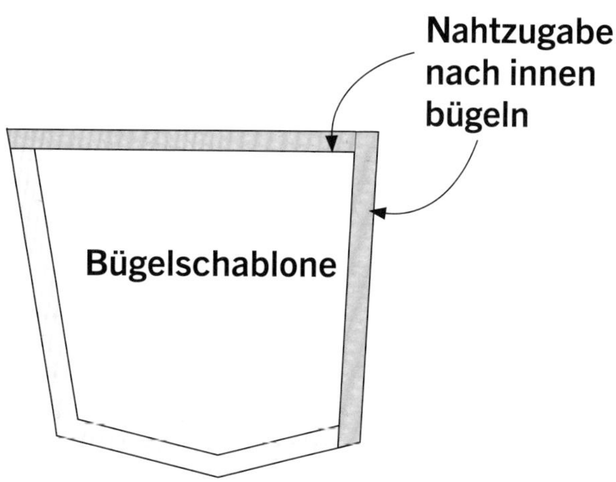

VORDERTASCHEN

Die Schnittmustersammlung enthält drei verschiedene Taschenbeutel plus Taschenbesatz und Münztasche.

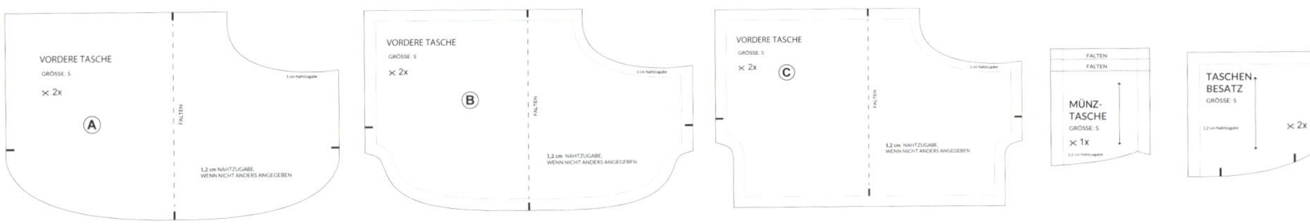

ANPASSEN DER NAHTZUGABE

Die seitliche und obere Nahtzugabe bei unseren Taschenbeuteln beträgt 12 mm. Wenn Ihr Schnittmuster eine andere Nahtzugabe vorsieht, verkleinern bzw. vergößern Sie die Zugabe bei Beutel und Besatz.

Hinweis: Beim Tascheneingriff muss die Nahtzugabe nicht verändert werden, weil Sie dafür ja die Schnittteile aus unserer Schnittmustersammlung verwenden.

Falls Sie mit einem Schnittmuster ohne Nahtzugaben arbeiten und die Vordertaschen anpassen möchten, schneiden Sie die enthaltenen Nahtzugaben einfach komplett weg.

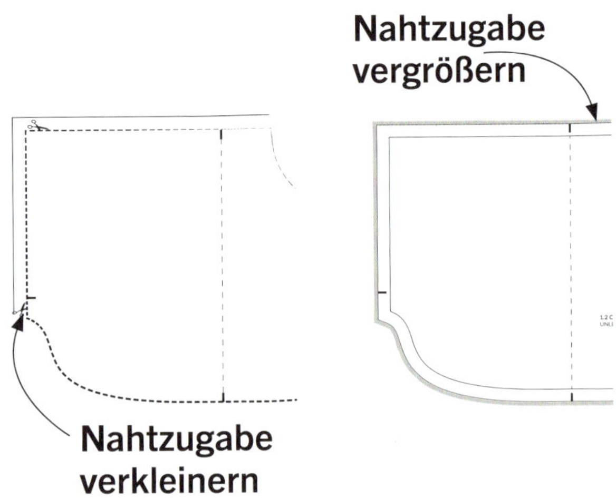

ANPASSEN DER TASCHENFORM

Wenn Ihr Schnittmuster gerundete Nahtlinien hat, müssen Sie eventuell die Vorlage für die Vordertaschen anpassen.

Verwenden Sie die Originalvorlage für den Taschenbeutel:

1. Unsere Schnittvorlage falten.
2. Originalvorlage auf unsere Schnittvorlage legen und Kanten ausrichten.
3. Nahtverlauf an der Seite und an der Taille neu einzeichnen, wo nötig Weite zugeben bzw. reduzieren.

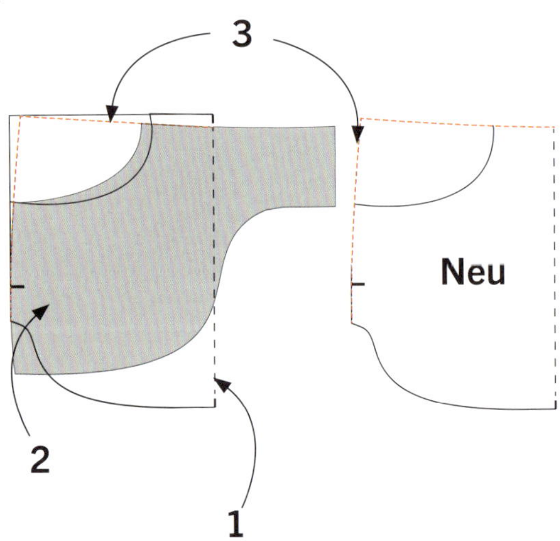

Vorlage für den Taschenbeutel neu erstellen

Wenn das Schnittmuster keine gerundete Taschenöffnung mit Taschenbeutel vorsieht, gehen Sie folgendermaßen vor:

1 Vorlage auf das Schnittmuster für das vordere Hosenteil legen.

2 Zur Hälfte einfalten.

3 Form der Vorlage auf das Schnittmuster übertragen, wo nötig Weite zugeben bzw. reduzieren.

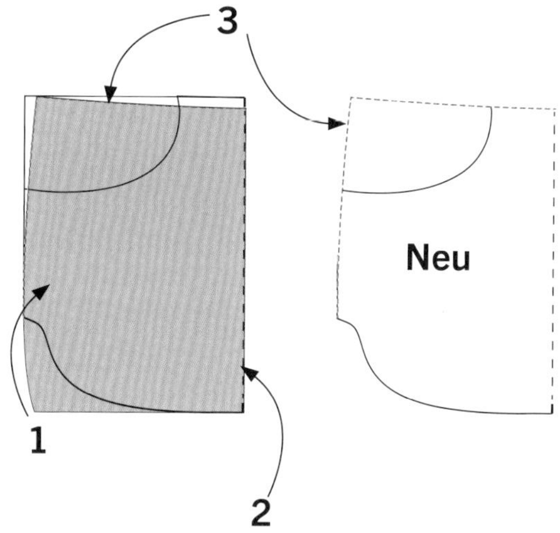

ANPASSEN DES TASCHENBESATZES

Legen Sie die Originalvorlage und unsere Vorlage für den Taschenbesatz aufeinander und passen Sie die Form an.

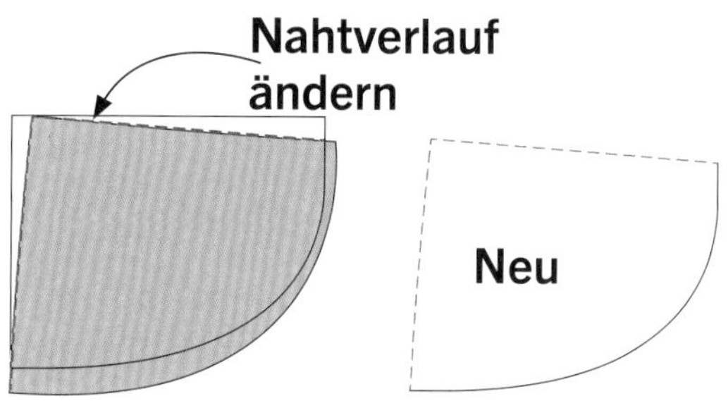

TASCHENEINGRIFF ANPASSEN

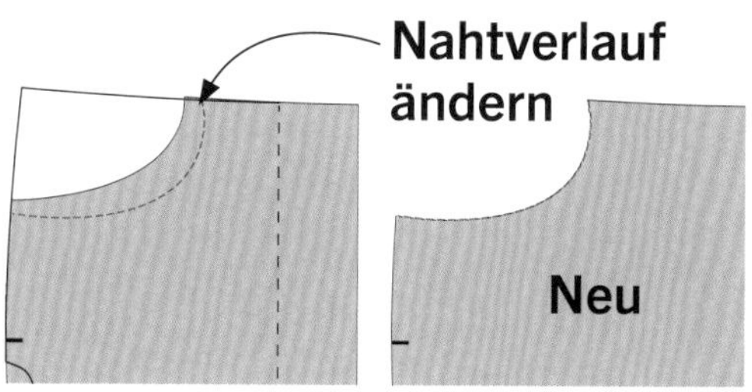

Option 1

Legen Sie den Taschenbeutel auf die Jeans und zeichnen Sie den neuen Nahtverlauf ein.

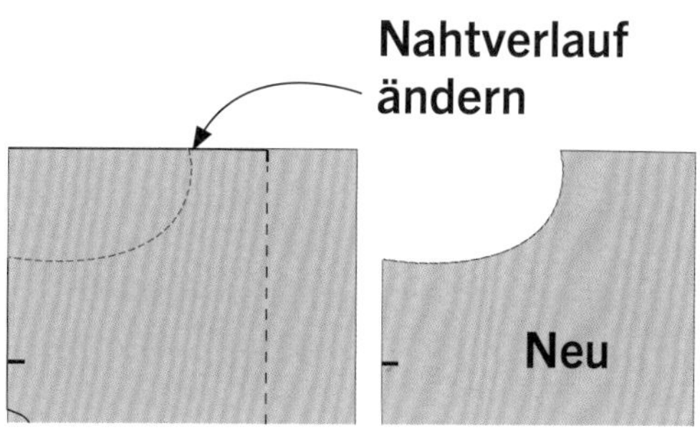

Option 2

Wenn im Schnittmuster kein gerundeter Tascheneingriff vorhanden ist, übertragen Sie die Rundung und schneiden dann den entsprechenden Teil einfach weg.

SCHLITZVERARBEITUNG

Mit unseren Vorlagen für Schlitzbesatz und -untertritt ist es ganz leicht, einen professionellen Knopfverschluss zu nähen, falls Ihr Schnittmuster diese Variante nicht bietet.

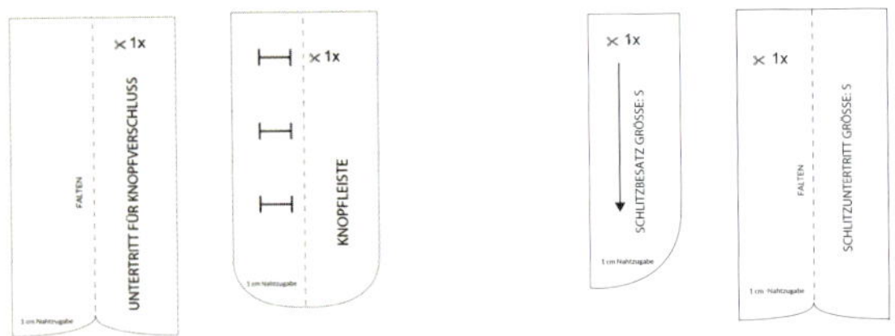

VORLAGEN ANPASSEN

Die Schnittvorlagen sind besonders lang, damit Sie sie nach Bedarf leicht kürzen können. Passen Sie entweder die Vorlagen an, oder kürzen Sie die Stoffteile nach dem Zusammennähen:

1 Schlitzbesatz und Schlitzuntertritt auf das jeweilige Vorderteil legen und auf Reißverschlusslänge bzw. Länge des Knopfverschlusses kürzen.

2 Wenn die Schlitzöffnung leicht schräg verläuft, die Oberkante von Besatz und Untertritt an die Nahtlinie anpassen. **Tipp:** Untertritt zuvor falten, damit beide Seiten gleich werden.

3 Besatz und Untertritt werden auch bei schräger Schlitzöffnung im Fadenlauf zugeschnitten.

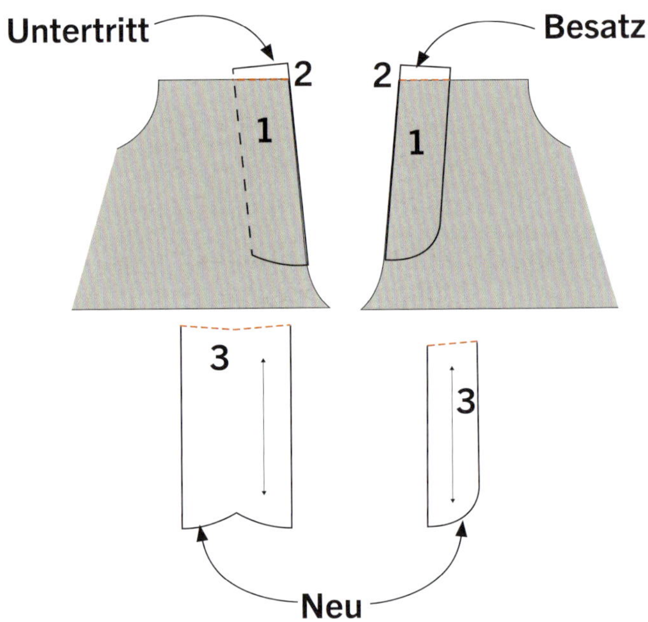

RESSOURCEN

WEITERE INFORMATIONEN ZUM JEANSNÄHEN

thelaststitch.com/sewingjeans

Die ideale Website für alles, was das Jeansnähen betrifft. Bietet auch weitere Ressourcen zu diesem Buch: Liste von Jeans-Schnittmustern, Bezugsquellen für Stoffe und Zubehör, Videos, Nähtutorials und vieles mehr.

BÜCHER

Schnittanpassung

Pants for Real People (Pati Palmer, Marta Alto), nur auf Englisch erhältlich

Der große Fotoguide für die perfekte Passform, (Sarah Veblen, Stiebner Verlag)

Schnittgestaltung

Schnittkonstruktion in der Mode – Maßschnitte (Teresa Gilewska, Stiebner Verlag)

The Practical Guide to Patternmaking for Fashion Designers: Menswear (Lori A. Knowles), nur auf Englisch erhältlich

Schnittkonstruktion in der Mode – Herrenkleidung (Teresa Gilewska, Stiebner Verlag)

Schnittkonstruktion in der Mode – Hosen (Teresa Gilewska, Stiebner Verlag)

Reparaturen

Geschickt Geflickt (Erin Lewis-Fitzgerald, Stiebner Verlag)

Jeansgeschichte und Design

Denim Branded: Jeanswear's Evolving Design Details (Nick Williams), nur auf Englisch erhältlich

True Fit: A Collected History of Denim (Viktor Fredback), nur auf Englisch erhältlich

REGISTER

Die englischsprachige Ausgabe dieses Buches erschien 2020 unter dem Titel „Sewing Jeans – the Complete Step-by-Step Guide“

Autorin: Johanna Lundström

Buchdesign: Johanna Lundström

Coverdesign: Rhis Nauyac Bayucca

Coverfoto: Johanna Lundström

Fotos im Buch: Johanna Lundström

Andere Fotos mit freundlicher Genehmigung von: 123RF.com, Freepik.com, Pixabay, Anja Cederbom

Illustrationen: Rhis Nauyac Bayuca, Vectorstock, Johanna Lundström

Verlag: The Last Stitch – thelaststitch.com

Aus dem Englischen von der MCS Schabert GmbH, München, – www.mcs-schabert.de – unter Mitarbeit von Karola Koller (Übersetzung).

Bibliografische Information der Deutschen Nationalbibliothek
Die Deutsche Nationalbibliothek verzeichnet diese Publikation in der Deutschen Nationalbibliografie; detaillierte bibliografische Daten sind im Internet über http://dnb.dnb.de abrufbar.

Printed in the EU

www.stiebner.com

ISBN-13: 978-3-8307-2109-3

Wir produzieren unsere Bücher mit großer Sorgfalt und Genauigkeit. Trotzdem lässt es sich nicht ausschließen, dass uns in Einzelfällen Fehler passieren. Unter www.stiebner.com/errata/2109-3.html finden Sie eventuelle Hinweise und Korrekturen zu diesem Titel. Möglicherweise sind die Korrekturen in Ihrer Ausgabe bereits ausgeführt, da wir vor jeder neuen Auflage bekannte Fehler korrigieren. Sollten Sie in diesem Buch einen Fehler finden, so bitten wir um einen Hinweis an verlag@stiebner.com. Für solche Hinweise sind wir sehr dankbar, denn sie helfen uns, unsere Bücher zu verbessern.

BILDNACHWEIS

Alle Fotos von Johanna Lundström und Anja Cederbom außer:

Adobe Stock, 63, 107, Racool Studio / Freepik, 6, 15, 178: Freepik, 80/81, 106/107, 118: 123RF.com, 80/81, 106/107, 118, 151: Pixabay, 13, 14, 16